Doris Muliar

KOCHEN MIT DEM Monsieur Cuisine

Doris Muliar

KOCHEN MIT DEM Monsieur Cuisine

Die 100 besten Rezepte für alle Jahreszeiten

riva

Bibliografische Information der Deutschen Nationalbibliothek
Die Deutsche Nationalbibliothek verzeichnet diese Publikation in der Deutschen Nationalbibliografie. Detaillierte bibliografische Daten sind im Internet über http://d-nb.de abrufbar.

Für Fragen und Anregungen
info@rivaverlag.de

Wichtige Hinweise
Sämtliche Inhalte dieses Buches wurden – auf Basis von Quellen, die die Autorin und der Verlag für vertrauenswürdig erachten – nach bestem Wissen und Gewissen recherchiert und sorgfältig geprüft. Alle Rezepte in diesem Buch wurden für den Silvercrest® Monsieur Cuisine Connect entwickelt. Der Verlag und die Autorin haften für keine nachteiligen Auswirkungen, die in einem direkten oder indirekten Zusammenhang mit den Informationen stehen, die in diesem Buch enthalten sind. Silvercrest® und Monsieur Cuisine Connect sind eingetragene Warenzeichen der Lidl Stiftung & Co. KG. Diese Publikation ist kein offizielles Lizenzprodukt der Lidl Stiftung & Co. KG.

Ausschließlich zum Zweck der besseren Lesbarkeit wurde auf eine genderspezifische Schreibweise sowie eine Mehrfachbezeichnung verzichtet. Alle personenbezogenen Bezeichnungen sind somit geschlechtsneutral zu verstehen.

Originalausgabe
7. Auflage 2021

Türkenstraße 89
80799 München
Tel.: 089 651285-0
Fax: 089 652096

Redaktion: Caroline Kazianka
Umschlaggestaltung: Isabella Dorsch
Umschlagabbildungen: Shutterstock.com/Hurst Photo, Shutterstock.com/Lisovskaya Natalia, Shutterstock.com/Magdanatka, Shutterstock.com/Viktor1, Shutterstock.com/Fortyforks, Shutterstock.com/MaraZe, Shutterstock.com/GreenArt, Shutterstock.com/Anna Shepulova, Shutterstock.com/Nattika, Shutterstock.com/OlegD, Shutterstock.com/Timolina, Shutterstock.com/drebha, Shutterstock.com/Oleksandra Naumenko, Shutterstock.com/fotoearl, Shutterstock.com/Natasha Breen, Fotolia.com/nata_vkusidey
Satz: inpunkt[w]o, Haiger (www.inpunktwo.de)
Druck: Florjancic Tisk d.o.o., Slowenien
Printed in the EU

ISBN Print 978-3-7423-0788-0
ISBN E-Book (PDF) 978-3-7453-0400-8
ISBN E-Book (EPUB, Mobi) 978-3-7453-0401-5

Inhaltsverzeichnis

Vorwort

Mit Ihrer Küchenmaschine Monsieur Cuisine Connect können Sie schnell und unkompliziert frische Mahlzeiten für die ganze Familie, für Gäste oder auch nur für sich selbst auf Vorrat zubereiten.

Damit Suppen, Eintöpfe und Schmorgerichte die beliebten Röstaromen erhalten, gibt es die Einstellung Anbraten, bei der mit nur einer Taste Zeit, Temperatur und Geschwindigkeit automatisch bestimmt werden.

Mit der Einstellung Dampfgaren, den beiden Dampfgaraufsätzen und dem Kocheinsatz können Sie gleichzeitig auf mehreren Ebenen eine Mahlzeit mit Beilagen und Sauce zubereiten. Das spart Zeit, Kochgeschirr und Energie.

Der große Mixbehälter fasst 3 Liter und ist somit auch für größere Mengen zum Beispiel für Feiern geeignet. Sie können aber natürlich auch einige Portionen Ihrer Lieblingsgerichte vorkochen und einfrieren. Das spart ebenfalls Zeit: Sie müssen nur einmal einkaufen und einmal spülen.

In diesem Buch versorgen wir Sie mit Rezepten durch alle vier Jahreszeiten. Denn Essen schmeckt immer dann am besten, wenn Lebensmittel verwendet werden, die gerade Saison haben und in Ihrer Region geerntet werden.
Es grünt so grün, ist im Frühling die Devise: Grüner Spargel, die ersten Erbsen und junge Spinatblätter sind richtige Vitamin-Booster. Der Sommer lässt uns in Beeren und frischen, leichten Gerichten schwelgen, und im Herbst freut man sich über Pilze, Kürbis und Zwetschgen. Der Winter bietet viel Würziges aus verschiedenen Kohlsorten und Wurzelgemüsen.

Viel Freude beim Nachkochen und bon appétit!

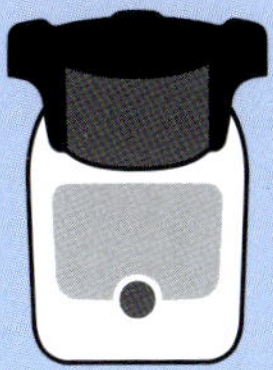

11 Punkte für Ihre Sicherheit

Machen Sie sich bitte mit der Gebrauchsanleitung Ihres Monsieur Cuisine Connect vertraut. Vorsichtshalber haben wir hier die wichtigsten Bedienungs- und Sicherheitsregeln für das Gerät kurz zusammengefasst.

1. Wenn Sie zerkleinern oder pürieren, sollten Sie immer den Messbecher einsetzen. Beim Zerkleinern von Nüssen, Gemüse oder anderen harten Lebensmitteln könnten sonst Teile herausgeschleudert werden.
2. Beim Pürieren von heißen Suppen besteht Verbrennungsgefahr durch Spritzer! Verwenden Sie den Kocheinsatz als Spritzschutz, auch wenn Sie 4 oder mehr Portionen Suppe kochen – da kann es ebenfalls spritzen.
3. Bei heißem Mixbehälter-Inhalt (über 60 °C) nicht im Turbo-Modus pürieren und die Drehzahl nur langsam, schrittweise ansteigend erhöhen.
4. Warten Sie nach dem Pürieren von Suppen 10 Sekunden vor dem Öffnen des Mixbehälters. Das Mixgut könnte noch in Bewegung sein und sonst herausspritzen. Deckel immer vorsichtig öffnen, da Dampf entweichen kann.
5. Beachten Sie die maximale Füllstandsmarkierung im Mixbehälter. Er ist für 3 Liter ausgelegt.
6. Bei Verwendung der Dampfgaraufsätze muss der Dampf zirkulieren können. Lassen Sie daher immer einige Schlitze im Boden frei. Geben Sie genügend Wasser (mindestens 500 ml) für die Dampfentwicklung in den Mixbehälter. Setzen Sie stets den Deckel für Dampfgareinsätze auf.

7. Beim Öffnen zuerst vorsichtig den Dampf auf der Ihnen abgewandten Seite entweichen lassen, um nicht mit dem heißen Dampf in Berührung zu kommen, was zu Verbrennungen führen könnte. Arbeiten Sie mit Küchenhandschuhen oder Topflappen, denn die Dampfgaraufsätze werden sehr heiß!
8. Der Rühraufsatz zum Schlagen von Eischnee oder Sahne darf nur bis höchstens Stufe 4 zum Einsatz kommen. Der Spatel darf bei Verwendung des Rühraufsatzes nicht eingeführt werden.
9. Bitte führen Sie niemals ein anderes Rührwerkzeug als den Spatel in die Deckelöffnung ein. Der Spatel ist mit seinem »Kragen« so konstruiert, dass er nicht mit den Messern in Berührung kommen kann.
10. Wenn Sie den Mixbehälter zum Reinigen auseinandernehmen, sollten Sie mit dem Messereinsatz besonders vorsichtig umgehen. Die Klingen sind sehr scharf, daher besteht Verletzungsgefahr.
11. Wenn Ihr Monsieur Cuisine keinen festen Platz in Ihrer Küche hat, stellen Sie ihn immer auf eine trockene, rutschfeste, ebene Arbeitsfläche. Beim Zerkleinern oder beim Rühren von Teigen könnte das Gerät durch Unwucht in Bewegung geraten. Bleiben Sie bei diesen Arbeitsschritten neben dem Gerät.

Zum Umgang mit diesem Buch

Bei jedem Rezept finden Sie ausführliche Nährwertangaben, die nach dem Bundeslebensmittelschlüssel berechnet sind. Kcal steht hierbei für Kilokalorien, E für Eiweiß, F für Fett und KH für Kohlenhydrate.
Außerdem sind die Rezepte verschiedenen Kategorien zugeordnet, damit Sie immer sofort erkennen können, welches Gericht mit Fisch, mit Fleisch, vegetarisch oder vegan ist und welches sich für eine Diät eignet.

fettarm

kalorienarm

Low-Carb

Mit Fisch

Mit Fleisch

Vegan

Vegetarisch

Infos zu den Rezepten

- Alle Rezepte sind für die Zubereitung mit der Küchenmaschine Monsieur Cuisine Connect von Silvercrest® konzipiert.
- Die Mengenangaben für das Gemüse beziehen sich auf unvorbereitete Ware.
- Mit Zwiebel meinen wir eine mittelgroße Zwiebel. Sonst ist angegeben: große oder kleine Zwiebel.
- 1 EL Öl schlägt bei den Nährwertberechnungen mit 15 g zu Buche.
- Milch und Joghurt verwenden wir immer mit 3,5 % Fett.
- Frischkäse und Quark haben in unseren Rezepten 20 % Fett, obwohl auch Varianten mit weniger Fett angeboten werden.
- Bei gebundenen Suppen mit Sahne nehmen wir Sahne zum Kochen mit 15 % Fett.

Rezepte

Frühling

Die Tage werden wieder länger, die Temperaturen milder, im Wald riecht es nach Knoblauch – da heißt es auch für die Küche: Jetzt zieht der Frühling ein! Und der bringt frische Kräuter und Bärlauch schon im März, jungen Spinat, Spargel, Rhabarber und Erdbeeren ab April. Salat, Mangold und Kohlrabi kommen im Mai dazu. Im Juni werden dann die ersten Vorboten des Sommers geerntet: Kirschen, Erbsen und Blumenkohl.

Alles enthält jetzt besonders viele Vitalstoffe, die uns wieder fit machen, den Organismus aus dem trägen Wintermodus holen und Frühjahrsmüdigkeit gar nicht erst aufkommen lassen. Der Körper braucht nun viel Licht und Bewegung. Vor allem aber leichte Gerichte mit viel frischem Grün, um neue Energie zu tanken und vielleicht auch ein wenig Winterspeck loszuwerden.

Dafür haben wir viele Rezepte entworfen mit allem, was im Frühling schon auf heimischen Feldern wächst und geerntet wird. Wir haben auch an das Osterbuffet gedacht, mit Liebe gebacken und viele grüne Suppen gelöffelt. Frische Kräuter kommen jetzt auf die Teller und junges Gemüse in den Monsieur Cuisine – manchmal auch in Begleitung von Geflügel oder Fisch. Da auch Italien im Frühjahr besonders schön ist, haben wir uns einige Primavera-Rezepte (Frühling auf Italienisch) überlegt. Und für den süßen Genuss sorgt das Vorzeigepaar Rhabarber und Erdbeeren.

Kräuterkäse mit Radieschen

Für 10 Portionen • Pro Portion: 55 kcal, 3 g E, 4 g F, 1 g KH

200 g Radieschen
4 Frühlingszwiebeln
1 EL scharfer Senf
1 EL Olivenöl
150 g Hüttenkäse
100 g saure Sahne
Salz, Pfeffer
etwas Zitronensaft
2 EL Schnittlauch in Röllchen

1. Die Radieschen waschen, putzen und halbieren. Eventuell 2–3 Radieschen zum Garnieren in Scheiben schneiden und beiseitelegen. Die Frühlingszwiebeln putzen, waschen und die weißen Teile grob zerschneiden.
2. Senf, Olivenöl, Radieschen und Frühlingszwiebeln in den Mixbehälter geben, Messbecher aufsetzen und alles **4 Sekunden/Stufe 5** zerkleinern. Mit dem Spatel nach unten schieben.
3. Hüttenkäse und saure Sahne dazugeben und **Linkslauf/5 Sekunden/Stufe 3** untermischen.
4. Masse mit Salz, Pfeffer und Zitronensaft abschmecken und in eine Schüssel umfüllen. ½ Stunde durchziehen lassen und mit den restlichen Radieschen und dem Schnittlauch garniert servieren.

Tipp: Frühlingsfrisches Aroma und Aussehen gibt auch die Gartenkresse. 1 Kästchen Kresse waschen, gut abtropfen lassen, die Blättchen mit einer Schere abschneiden und unter den Radieschen-Käse heben oder zusammen mit dem Schnittlauch darüberstreuen.

Grüne Sauce Frankfurter Art

Für 4 Portionen • Pro Portion: 131 kcal, 10 g E, 7 g F, 6 g KH

1 Bund Kräuter Grüne Sauce (oder 100 g TK-Kräutermischung)
1 Zwiebel
4 hart gekochte Eier, Größe M
200 ml Joghurt
1 EL scharfer Senf
Salz, Pfeffer
etwas Zitronensaft

1. Die Kräuter waschen, gut trocken schütteln und mit Küchenkrepp trocken tupfen. Die Blätter von den Stielen zupfen. Einige schöne Blätter zum Garnieren beiseitelegen. Tiefgekühlte Kräuter etwas antauen lassen. Die Zwiebel abziehen und halbieren. Die Eier schälen und halbieren.
2. Kräuter, Zwiebel und 4 Eierhälften in den Mixbehälter geben und **6 Sekunden/Stufe 6** zerkleinern. Joghurt und Senf **Linkslauf/10 Sekunden/Stufe 4** einrühren. Masse mit Salz, Pfeffer und Zitronensaft abschmecken und mindestens 30 Minuten durchziehen lassen.
3. Zum Servieren die Sauce auf 4 Teller verteilen und mit Kräuterblättern und den restlichen Eierhälften servieren.

Info: Die frischen Kräuter für die Frankfurter »Grie Soß« bekommen Sie ab April/Mai auf dem Markt. Sie dürfen nur mit »Frankfurter Grüne Sauce« gekennzeichnet sein, wenn sie aus der dortigen Region stammen. Alles anderes heißt nur »Grüne Sauce« und ist auch in gut sortierten Supermärkten erhältlich. Traditionell müssen es sieben Kräuter sein: Borretsch, Kerbel, Kresse, Petersilie, Pimpinelle, Sauerampfer und Schnittlauch. Die Kräuter gibt es auch in 100-g-Päckchen tiefgekühlt.

Radieschen-Gurken-Salat mit Sour Cream

Für 4 Portionen • Pro Portion: 136 kcal, 4 g E, 10 g F, 8 g KH

1 Bund Radieschen (ca. 200 g, geputzt gewogen)
1 kleine Salatgurke
4 Frühlingszwiebeln
1 Fleischtomate
200 g Joghurt oder Schmand
2 EL Olivenöl
2 EL Zitronensaft
Salz, Pfeffer

1. Die Radieschen putzen, waschen und halbieren. Die Gurke heiß waschen (sie wird mit der Schale verwendet), längs halbieren und die Kerne mit einem Löffel herausschaben. Fruchtfleisch grob in Stücke schneiden. Die Frühlingszwiebeln putzen, waschen und grob zerschneiden. Die Tomate waschen, halbieren, die Stielansätze und Kerne entfernen und das Fruchtfleisch grob zerschneiden.
2. Die Frühlingszwiebeln in den Mixbehälter geben, Messbecher aufsetzen und **5 Sekunden/ Turbo-Taste** zerkleinern. Mit dem Spatel nach unten schieben und Joghurt, Olivenöl, Zitronensaft und die übrigen vorbereiteten Zutaten dazugeben. **3 Sekunden/Stufe 5** zerkleinern. Nach Belieben – wenn das Gemüse kleiner sein soll – den Vorgang wiederholen.
3. Salat mit Salz und Pfeffer abschmecken und gleich servieren.

Avocado mit Bärlauch

Für 10 Portionen • Pro Portion: 115 kcal, 1 g E, 12 g F, 2 g KH

75 g Bärlauch
1 Schalotte
30 g Walnüsse
4 EL Olivenöl
Salz
½ Zitrone
2 reife Avocados
Pfeffer

1. Den Bärlauch waschen, trocken schütteln und die harten Stiele entfernen. Mit Küchenkrepp trocken tupfen. Die Schalotte abziehen und vierteln.
2. Bärlauch, Schalotte, Walnüsse und Olivenöl mit einer Prise Salz in den Mixbehälter geben, Messbecher aufsetzen und alles **10 Sekunden/ Stufe 8** zerkleinern. Mit dem Spatel nach unten schieben und den Vorgang wiederholen.
3. Die Zitrone auspressen. Die Avocados halbieren, die Kerne entfernen und das Fruchtfleisch mit einem Löffel aus der Schale lösen. Mit Zitronensaft beträufeln und grob zerschneiden.
4. Avocado in den Mixbehälter geben und **8 Sekunden/Stufe 4** mit der Bärlauchmischung verrühren. In eine Schüssel umfüllen, mit Salz und Pfeffer abschmecken und 30 Minuten durchziehen lassen.

Tipp: Noch aromatischer wird der Aufstrich, wenn Sie statt des Olivenöls mal Walnussöl probieren. Dieses gibt es schon in kleinen Flaschen à 200 ml zu kaufen.

Avocadocreme mit Rucola

Für 10 Portionen • Pro Portion: 97 kcal, 4 g E, 8 g F, 1 g KH

30 g geschälte Mandeln
40 g Parmesan
1 reife Avocado
25 g Rucola
150 g Frischkäse (20 % Fett)
2 EL Olivenöl
Salz, Pfeffer
etwas Zitronensaft

1. Nach Belieben die Mandeln in einer beschichteten Pfanne ohne Fett goldgelb rösten. Mit dem Parmesan in den Mixbehälter geben, Messbecher aufsetzen und **10 Sekunden/Stufe 8** zerkleinern.
2. Die Avocado halbieren, das Fruchtfleisch mit einem Löffel aus der Schale heben. Den Kern aufbewahren. Den Rucola waschen, trocken schütteln und grob hacken.
3. Avocado, Rucola, Frischkäse und Olivenöl in den Mixbehälter geben und alles zusammen **15 Sekunden/Stufe 5** zu einer feinen Creme verarbeiten. Mit Salz, Pfeffer und Zitronensaft pikant abschmecken.
4. Creme in eine Schüssel umfüllen und sofort auf Brot genießen. Alternativ in ein Schraubglas füllen und mit dem Kern (der verhindert, dass sich die Avocadocreme verfärbt) 1–2 Tage im Kühlschrank aufbewahren.

Tipp: Gut können Sie in die Creme auch die gesunden Chiasamen mischen: einfach zusammen mit der Avocado verarbeiten.
Oder mal ganz raffiniert: Ziehen Sie Chiasprossen. Eine Schale mit feuchter Watte auskleiden, Chiasamen daraufstreuen und einige Tage feucht halten. Nach 5 Tagen kann geerntet werden. Die Sprossen passen ebenso auf Brotbelag wie auf Salate.

Seelachs mit grüner Eiersauce

Für 4 Portionen • Pro Portion: 203 kcal, 21 g E, 12 g F, 2 g KH

400 g Seelachsfilet
Salz, Pfeffer
2–3 EL Zitronensaft
500 ml Wasser
1 Bund Frühlingszwiebeln
1 Knoblauchzehe
2 Stängel glatte Petersilie
6 Blätter frischer Salbei
40 g weiche Butter
2 hart gekochte Eier, Größe M

1. Das Seelachsfilet trocken tupfen, in 4 Teile schneiden, salzen, pfeffern und mit 1 EL Zitronensaft beträufeln. 1 Stück Backpapier in der Größe des flachen Dampfgaraufsatzes zurechtschneiden. Beim Einlegen darauf achten, dass die seitlichen Schlitze zur Dampfzirkulation frei bleiben. Seelachs auf dem Backpapier verteilen.
2. Wasser in den Mixbehälter füllen, Dampfgaraufsatz aufsetzen und Seelachs **20 Minuten/Dampfgaren** dämpfen.
3. In der Zwischenzeit die Frühlingszwiebeln putzen, waschen und mit viel Grün grob zerschneiden. Knoblauchzehe schälen. Die Petersilie waschen, trocken schütteln und die Blätter von den Stängeln zupfen. Salbei grob hacken.
4. Den Dampfgaraufsatz abnehmen und beiseitestellen. Mixbehälter ausleeren und abtrocknen.
5. Frühlingszwiebeln, Knoblauch, Kräuter und Butter in den Mixbehälter geben und **5 Sekunden/Turbo-Taste** zerkleinern. Anschließend **4 Minuten/ Stufe 1/100 °C** dünsten.

6. Die Eier schälen und grob zerschneiden. In den Mixbehälter zu den Zwiebeln und Kräutern geben und **3 Sekunden/Stufe 4** zerkleinern. Mit Salz, Pfeffer und dem restlichen Zitronensaft abschmecken.
7. Die Fischfilets auf einer Platte anrichten und die Eiersauce darauf verteilen.

Tipp: Sie können den Seelachs auch in mundgerechte Stücke schneiden und mit der Sauce auf Amuse-Geule-Löffeln oder in kleinen Schälchen anrichten.

Erbsencocktail mit Radieschen

Für 8 Portionen • Pro Portion: 57 kcal, 3 g E, 3 g F, 4 g KH

30 g Parmesan
600 g frische Erbsen in Schoten
Salz
500 ml Wasser
1 Prise Zucker
1 EL Nussöl
Salz, Pfeffer
1 Bund Radieschen (ca. 200 g, geputzt gewogen)
½ Gurke
1 Möhre nach Belieben

1. Den Parmesan in den Mixbehälter geben und **10 Sekunden/Stufe 10** reiben. In eine Schüssel umfüllen.
2. Die Erbsen aus den Schoten lösen. Salzwasser mit Zucker in den Mixbehälter geben und in **6 Minuten/Stufe 1/100 °C** zum Kochen bringen. Die Erbsen dazugeben und **4–6 Minuten/Stufe 1/100 °C** bissfest kochen.
3. Durch ein Sieb abgießen – dabei etwas von der Kochflüssigkeit aufbewahren. Einige Erbsen zum Garnieren beiseitelegen. Restliche Erbsen mit dem Öl und dem Parmesan in den Mixbehälter geben, Messbecher aufsetzen und alles **7 Sekunden/Stufe 5** pürieren. Mit dem Spatel nach unten schieben und den Vorgang eventuell mit etwas Kochflüssigkeit wiederholen, sodass eine glatte Creme entsteht. Mit Salz und Pfeffer abschmecken und auf 8 Gläser verteilen. Abkühlen lassen.

4. Vor dem Servieren die Radieschen waschen, putzen und halbieren oder vierteln. Die Gurke schälen, längs halbieren, die Kerne mit einem Löffel herausschaben und das Fruchtfleisch würfeln. Nach Belieben eine Möhre schälen, putzen und in feine Streifen schneiden.
5. Radieschen, Gurke, Möhren und restliche Erbsen auf der Erbsencreme verteilen.

Tipp: Die Erbsencreme macht sich auch gut als Dip oder Brotaufstrich.

Kräuterbrot

Für ca. 20 Scheiben • Pro Scheibe: 84 kcal, 3 g E, 2 g F, 13 g KH

400 g Getreidekörner-Mischung nach Belieben
1 Pck. Trockenhefe
2 TL Salz
200 ml lauwarmes Wasser
175 ml ungesüßter Mandeldrink
150 g Zucchini
75 g frische Kräuter
50 g Walnusskerne
etwas Mehl für die Arbeitsfläche
etwas Fett für die Form

1. Getreidekörner in den Mixbehälter geben und **60 Sekunden/Stufe 10** schroten. Trockenhefe, Salz, Wasser und Mandeldrink dazugeben und **2 Minuten/Knetstufe** zu einem Teig verarbeiten. In eine Schüssel umfüllen und an einem warmen Ort zugedeckt 2 Stunden gehen lassen.
2. Die Zucchini schälen, putzen und grob in Stücke schneiden. Die Kräuter waschen, trocken schütteln und die Blätter von den Stängeln zupfen. Zucchini, Kräuter und Walnüsse in den Mixbehälter geben und **10 Sekunden/Stufe 5** zerkleinern.
3. Den Teig auf die bemehlte Arbeitsfläche geben und die Zucchini-Kräuter-Masse einarbeiten. Eine Kastenform (ca. 25 cm Länge) mit gefettetem Backpapier auskleiden – das verhindert, dass das Brot klebt und nur schwer aus der Form gelöst werden kann. Den Teig hineingeben und weitere 45 Minuten gehen lassen.
4. Eine feuerfeste Schale mit Wasser in den Backofen stellen und diesen auf 220 °C Ober-/Unterhitze (Umluft 200 °C) vorheizen.
5. Die Form mit dem Brot in den Backofen geben und 45–50 Minuten auf der unteren Schiene backen. Das Brot ist fertig, wenn es sich beim Daraufklopfen hohl anhört.
6. In der Form auskühlen lassen.

Tipp: Sie können das Brot statt mit Mandeldrink auch mit Buttermilch oder Kefir zubereiten – das ergibt einen feinen säuerlichen Geschmack.

Kohlrabisalat mit Gurke und Dill

Für 4 Portionen • Pro Portion: 238 kcal, 5 g E, 21 g F, 8 g KH

2 Kohlrabi (ca. 400 g, geputzt gewogen)
500 g Salat- oder Gartengurke
3 Stängel Dill
150 g Joghurt
50 ml Sahne
2 EL Weißweinessig
2 EL Walnussöl
Salz, Pfeffer

1. Die Kohlrabi schälen, putzen und grob zerschneiden. In den Mixbehälter geben und **3 Sekunden/Stufe 4** zerkleinern.
2. Die Gurken heiß waschen (die Schale wird mitverwendet), längs halbieren und die Kerne mit einem Löffel herausschaben. Fruchtfleisch grob zerschneiden und zum Kohlrabi geben. Den Dill waschen, trocken schütteln, die Blätter von den Stängeln zupfen und ebenfalls in den Mixbehälter geben.
3. Joghurt, Sahne, Essig und Öl dazugeben und alles **3–4 Sekunden/Stufe 4** zerkleinern. Salat in eine Schüssel umfüllen, mit Salz und Pfeffer abschmecken und 10–15 Minuten durchziehen lassen.

Tipp: Sie können zusätzlich unter Punkt 2 noch 1 kleinen geviertelten Apfel dazugeben. Auch gehackte und geröstete Walnüsse obendrauf machen sich gut zum Nussöl.

Käse-Kräuter-Brioches

Für 16 Stück • Pro Stück: 191 kcal, 6 g E, 10 g F, 19 g KH

50 g Parmesan
30 g frische Kräuter (z. B. Petersilie und Basilikum)
150 ml Milch
30 g frische Hefe
1 TL Zucker
½ TL Salz
400 g Weizenmehl (Type 550)
4 Eidotter, Größe M
125 g weiche Butter
1 EL abgeriebene Schale einer Bio-Zitrone
etwas Mehl für die Arbeitsfläche
2 EL Sahne

1. Parmesan in Stücke schneiden und in den Mixbehälter geben. Die Kräuter waschen und mit Küchenkrepp gut trocken tupfen. Die Blättchen von den Stängeln zupfen und zum Käse geben. Messbecher aufsetzen und alles **5 Sekunden/Stufe 6** zerkleinern. Mit dem Spatel nach unten schieben und Vorgang wiederholen. Mischung in eine Schüssel umfüllen und beiseitestellen. Den Mixbehälter nicht spülen.
2. Milch, Hefe, Zucker und Salz in den Mixbehälter geben und **2 Minuten/Stufe 2/37 °C** erwärmen, bis sich die Hefe aufgelöst hat.
3. Mehl, 3 Eidotter, Butter und Zitronenschale dazugeben und **3 Minuten/Knetstufe** zu einem geschmeidigen Teig verarbeiten. In eine Schüssel umfüllen und zugedeckt 1 Stunde gehen lassen.
4. Auf einer bemehlten Arbeitsfläche Teig nochmals mit den Händen kräftig durchkneten und 16 runde Laibchen formen. Jeweils eine Mulde in die Mitte drücken und Teiglinge auf ein mit Backpapier ausgelegtes Backblech setzen.

5. Den restlichen Eidotter mit Sahne vermischen und die Brioches damit bestreichen. Das Kräuter-Käse-Gemisch in die Vertiefungen füllen.
6. Den Backofen auf 160 °C Ober-/Unterhitze (Umluft 140 °C) vorheizen. Währenddessen können die Brioches auf dem Backblech nochmals gehen. Dann auf die 2. Schiene von unten schieben und 20–25 Minuten backen, bis der Käse geschmolzen ist und die Brioches an den Rändern goldgelb sind.

Tipp: Teig über Nacht gut zugedeckt (damit die Oberfläche nicht austrocknet) im Kühlschrank gehen lassen. Bei der langen Gehzeit kann sich die Hefe voll entwickeln – das macht den Teig schön locker.

Spargel-Tartelettes mit Dill

Für 10 Tartelettes • Pro Stück: 239 kcal, 7 g E, 16 g F, 16 g KH

Für den Mürbeteig:
200 g Weizenmehl (Type 550)
1 Prise Salz
100 g weiche Butter in Stücken
30 ml lauwarmes Wasser
1 Ei, Größe M

Für den Belag:
250 g grüner Spargel
1 ½ l Wasser
Salz
1 TL Zucker
20 g Butter
2 Stängel Dill
150 g Frischkäse (20 % Fett)
100 ml Schlagsahne
3 Eier, Größe M
6 Cocktailtomaten

1. Alle Zutaten für den Teig in den Mixbehälter geben und **20 Sekunden/Stufe 4** vermischen. Auf die Arbeitsfläche geben und mit den Händen zu einer Kugel formen. In Klarsichtfolie wickeln und 30–60 Minuten im Kühlschrank ruhen lassen.
2. Spargel waschen, im unteren Drittel schälen und holzige Enden abschneiden. In etwa 8 cm lange Stücke schneiden und in den Kocheinsatz legen.

3. Wasser mit etwas Salz, Zucker und 10 g Butter in den Mixbehälter geben, Kocheinsatz einhängen und den Spargel in **12 Minuten/Stufe 1/100 °C** bissfest kochen. Kocheinsatz herausnehmen und den Spargel eiskalt abschrecken, damit er schön grün bleibt. Den Mixbehälter ausleeren.
4. Den Backofen auf 200 °C Ober-/Unterhitze vorheizen (Umluft weniger geeignet). Den Dill waschen, trocken schütteln und die Blättchen von den Stängeln zupfen. Frischkäse, Sahne, Eier und Dill in den Mixbehälter geben, Messbecher aufsetzen und alles **5 Sekunden/Stufe 3** verrühren. Mit Salz und Pfeffer würzen.
5. 10 Tarteletteformen (ca. 10 cm Durchmesser) mit der restlichen Butter dünn einfetten. Den Teig dünn ausrollen, auf die Formen verteilen und mit einer Gabel mehrmals einstechen.
6. Spargel darauf verteilen, die Käse-Sahne-Mischung darübergießen. Die Tomaten waschen, auf die Törtchen verteilen und Tartelettes 20–25 Minuten auf der unteren Schiene im Ofen backen, bis sie an den Rändern goldgelb sind. Heiß oder lauwarm servieren.

Tipp: Wenn Sie die Tartelettes etwas kalorienärmer gestalten wollen: Frischkäse gibt es auch in Slim-Versionen, die Schlagsahne fettreduziert und den Mürbeteig könnten Sie durch Quark-Öl-Teig ersetzen (Seite 86). Schmeckt dann aber anders!

Frühlings-Gazpacho

Für 4 Portionen • Pro Portion: 134 kcal, 3 g E, 10 g F, 7 g KH

1 grüne Paprikaschote
200 g Staudensellerie
1 kleine Salatgurke
50 g Bärlauch
1 Bio-Limette
100 g Rispentomaten
500 ml Gemüsebrühe oder Wasser
2–3 EL Weißweinessig
10 Eiswürfel
Salz, Pfeffer
2 EL Olivenöl

1. Die Paprikaschote waschen, putzen, entkernen und grob zerschneiden. Die Selleriestängel waschen und putzen. Etwa 15 cm vom dünnen Ende in schmale Streifen schneiden und zum Garnieren beiseitelegen. Schöne Zweige vom Selleriegrün aufbewahren. Den Rest der Stängel und des Grüns grob hacken.
2. Die Gurke schälen und grob hacken. Den Bärlauch waschen, verlesen und grob hacken. Die Limette heiß waschen, 2 TL Schale abraspeln und die Frucht auspressen.
3. Die Tomaten waschen, vierteln, die Stielansätze herausschneiden, die Kerne entfernen und das Fruchtfleisch würfeln oder in Spalten schneiden. Zum Garnieren beiseitestellen.
4. Gemüse (außer den Tomaten) mit Gemüsebrühe, Essig, Limettensaft und Eiswürfeln in den Mixbehälter geben und **50 Sekunden/Stufe 5–8** ansteigend pürieren. Wenn die Suppe sehr fein werden soll, pürieren Sie sie noch für weitere 20–30 Sekunden.
5. Gazpacho mit Salz und Pfeffer abschmecken, auf 4 Tellern anrichten und mit den Selleriescheiben- und -blättern sowie den Tomatenwürfeln garnieren. Mit dem Olivenöl beträufelt sofort servieren.

Tipp: Sie können die Gazpacho natürlich auch vorbereiten und 2–3 Stunden im Kühlschrank durchkühlen lassen. Dann aber vor dem Servieren noch mal mit einigen Eiswürfeln aufmixen.
Wenn die Temperaturen eher nach wärmenden Speisen rufen: Suppe ohne Eiswürfel pürieren, nach Belieben mit etwas Wasser verdünnen und **10 Minuten/ Stufe 2/100 °C** aufkochen lassen.

Spargelsuppe mit Kresse

Für 4 Portionen • Pro Portion: 189 kcal, 5 g E, 16 g F, 5 g KH

500 g weißer Spargel (preiswert: Spargelbruch mit Köpfchen)
1 Kästchen Gartenkresse
2 Schalotten
15 g Butter
800 ml Brühe oder Fond (zum Beispiel Kalbsfond)
100 ml Sahne
1 Eidotter, Größe M
Salz, Pfeffer
etwas Zitronensaft

1. Den Spargel schälen, die holzigen Enden abschneiden und die Stangen grob in Stücke schneiden. Die Köpfchen abschneiden und in den tiefen Dampfgaraufsatz legen. Die Kresse waschen, gut abtropfen lassen und die Pflänzchen abschneiden. Die Schalotten abziehen und halbieren.
2. Die Schalotten in den Mixbehälter geben, den Messbecher aufsetzen und Schalotten **5 Sekunden/Turbo-Taste** zerkleinern. Die Butter dazugeben und Schalotten **4 Minuten/Stufe 2/100 °C** dünsten. Mit dem Spatel nach unten schieben, die Brühe angießen, die Spargelstücke dazugeben, den Dampfgaraufsatz aufsetzen und Spargel **20 Minuten/Dampfgaren** garen. Den Dampfgaraufsatz abnehmen und beiseitestellen.
3. Die Suppe **45 Sekunden/Stufe 5–8** ansteigend fein pürieren. Sahne mit Eidotter in einer kleinen Schüssel verquirlen, in die Suppe geben und **5 Sekunden/Stufe 3** einrühren (Messbecher!). Mit Salz, Pfeffer und Zitronensaft abschmecken.
4. Suppe auf 4 Teller verteilen, die Spargelköpfchen in die Mitte geben und mit der Kresse bestreut servieren.

Tipp: Zu dieser Suppe passt auch gut in Streifen geschnittener Räucherlachs. Oder – ganz edel – je 1 EL Forellenkaviar.

Info: Nicht nur auf Suppen, auch auf Broten, Salaten oder Gemüse kommen die kleinen grünen Blättchen gut. Das viele Vitamin C vertreibt Frühjahrsmüdigkeit, Folsäure, Eisen und Kalzium bringen frische Energie.
Zwar gibt es die verschiedenen Arten der Kresse ganzjährig im Supermarkt, es ist aber kinderleicht, sie selbst zu züchten. Einfach Watte oder Wattevlies auf eine flache Unterlage geben, gut anfeuchten und die Samen darauf ausstreuen. Nicht austrocknen lassen. Nach einer Woche kann schon geerntet werden.

Grüne Spargelsuppe mit Sojasahne

Für 4 Portionen • Pro Portion: 90 kcal, 3 g E, 7 g F, 3 g KH

750 g grüner Spargel
1 Bund Frühlingszwiebeln
20 g Kokosöl
800 ml Gemüsebrühe oder -fond
100 ml Soja-Cuisine
Salz, Pfeffer
frisch geriebene Muskatnuss
etwas Zitronensaft

1. Den Spargel, wenn nötig, im unteren Drittel schälen, holzige Enden abschneiden. 2 Spargelstangen in feine Scheiben schneiden und beiseitelegen. Nach Belieben die Köpfchen ebenfalls abschneiden und beiseitelegen. Den Rest grob in Stücke schneiden. Die Frühlingszwiebeln putzen, waschen und grob zerschneiden.
2. Die Frühlingszwiebeln in den Mixbehälter geben, den Messbecher aufsetzen und Zwiebeln **5 Sekunden/Turbo-Taste** zerkleinern. Mit dem Spatel nach unten schieben, das Kokosöl einwiegen und Zwiebeln **4 Minuten/Stufe 1/ 120 °C** dünsten.
3. Die Spargelstücke in den Mixbehälter geben und **6 Sekunden/Stufe 5** zerkleinern. Die Brühe dazugießen. Spargelscheiben und -köpfchen in den flachen Dampfgaraufsatz geben und aufsetzen. **15 Minuten/Stufe 1/100 °C** kochen, bis die Spargelköpfchen im Dampfgaraufsatz bissfest sind. Soja-Cuisine dazugeben und Suppe **50 Sekunden/Stufe 4–7** ansteigend fein pürieren. Mit Salz, Pfeffer, frisch geriebener Muskatnuss und Zitronensaft abschmecken.
4. Die Suppe auf 4 Teller verteilen und mit den Spargelscheiben und -köpfchen garniert servieren.

Petersiliensalat mit Bulgur und Frühlingszwiebeln

Für 4 Portionen • Pro Portion: 301 kcal, 8 g E, 12 g F, 39 g KH

4 Frühlingszwiebeln
10 Stängel glatte Petersilie
1 EL Rapsöl
200 g Bulgur
400 ml Gemüsebrühe oder Wasser
2 rote Paprikaschoten
2 Zitronen
2 EL Oliven- oder Minzöl
½ TL Kreuzkümmel
Salz, Pfeffer

1. Die Frühlingszwiebeln putzen, waschen und mit viel Grün in Stücke schneiden. Die Petersilie waschen, trocken schütteln und die Blätter von den Stängeln zupfen. Zwiebeln und ¼ der Petersilienblätter in den Mixbehälter geben, Messbecher aufsetzen und alles **7 Sekunden/Stufe 5** zerkleinern. Das Öl dazugeben und Zwiebeln und Petersilie **4 Minuten/Stufe 1/120 °C** dünsten.
2. Bulgur in ein Sieb schütten und lauwarm abbrausen. Zu den Zwiebeln in den Topf geben und **Linkslauf/3 Minuten/Stufe 2/100 °C** dünsten. Brühe oder Wasser zufügen und alles **Linkslauf/15 Minuten/Stufe 2/90 °C** kochen. In eine große Schüssel umfüllen. Der Mixbehälter muss nicht gespült werden.
3. In der Zwischenzeit die Paprikaschoten waschen, putzen und grob in Stücke schneiden. Die Zitronen auspressen.

4. Paprika, restliche Petersilie, Olivenöl, Kreuzkümmel, Salz und Pfeffer in den Mixbehälter geben und **3 Sekunden/Stufe 5** zerkleinern.
5. Mischung zum Bulgur in die Schüssel geben. Den Zitronensaft einrühren und mit Salz, und Pfeffer pikant abschmecken. Salat im Kühlschrank durchziehen lassen oder gleich lauwarm genießen.

Tipp 1: Sie können einen Teil der Petersilie durch Minze ersetzen und dieses Aroma zusätzlich mit Minzöl (statt Olivenöl) verstärken.

Tipp 2: In türkischen Läden gibt es sehr feinen Bulgur, »Köftelik Bulgur«, den können Sie gleich in der Schüssel mit heißem Wasser übergießen und quellen lassen. Dann brauchen Sie nur noch den Gemüse-Kräuter-Mix zubereiten und untermischen.

Salat von neuen Kartoffeln mit »Mayonnaise«

Für 6 Portionen • Pro Portion: 254 kcal, 4 g E, 13 g F, 29 g KH

Für die »Mayonnaise«:
1 Knoblauchzehe
100 ml ungesüßter Mandeldrink
50 ml Apfelessig
1 TL Senf
je 1 TL Salz und Zucker
80 ml Rapsöl
Cayennepfeffer

Für den Kartoffelsalat:
1 kg neue Kartoffeln
100 ml heiße Gemüsebrühe
1 Bund Frühlingszwiebeln
1 rote Zwiebel
2 EL eingelegte Kapern
je 2 EL gehackter Dill und Petersilie

1. Die Knoblauchzehe schälen, in den Mixbehälter geben, Messbecher aufsetzen und Knoblauch **3 Sekunden/Turbo-Taste** zerkleinern. Mit dem Spatel nach unten schieben und den Vorgang wiederholen.
2. Mandeldrink, 1 EL Essig, Senf, Salz und Zucker dazugeben und mit dem Messbecher zugedeckt **20 Sekunden/Stufe 4** vermischen.
3. **Stufe 5** am Gerät einstellen und das Öl am Messbecher vorbei sehr langsam durch die Deckelöffnung hineinrinnen lassen. So lange weitermixen, bis die »Mayonnaise« die gewünschte Festigkeit erreicht hat.

4. Den restlichen Essig einrühren und Sauce mit Salz und Cayennepfeffer abschmecken. 30 Minuten ziehen lassen.
5. In der Zwischenzeit die Kartoffeln waschen, in den Kocheinsatz geben und so viel Wasser in den Mixbehälter füllen, dass die Kartoffeln bedeckt sind. In **20–25 Minuten/Stufe 1/100 °C** weich kochen, dann abgießen, etwas abkühlen lassen, schälen und in Scheiben schneiden.
6. Kartoffeln auf 6 Teller verteilen oder in eine Salatschüssel geben und mit Brühe begießen. Die Frühlingszwiebeln putzen, waschen, in Ringe schneiden und zusammen mit den Kapern auf den Kartoffeln verteilen.
7. Dill und Petersilie waschen, trocken schütteln und hacken. Kartoffelsalat lauwarm mit Dill und Petersilie bestreut servieren und die Mayonnaise getrennt dazu reichen.

Tipp: Nehmen Sie auch für diese vegane Mayonnaise immer neutrales Öl wie Raps- oder Sonnenblumenöl. Kalt gepresste Öle lassen die Mayo bitter schmecken.

Grüner Frühlingsrisotto

Für 4 Portionen • Pro Portion: 538 kcal, 20 g E, 22 g F, 63 g KH

100 g Parmesan
200 g junger Blattspinat
3 Frühlingszwiebeln
2 Knoblauchzehen
1 EL Olivenöl
200 g Romanesco (ersatzweise Brokkoli)
100 g gepalte Erbsen (ca. 300 g in Schoten)
300 g Risottoreis (z. B. Vialone oder Arborio)
750 ml Gemüsebrühe
30 g Butter
Salz, Pfeffer

1. 50 g Parmesan in grobe Stücke schneiden, in den Mixbehälter geben und **8 Sekunden/Stufe 10** reiben. In eine Schüssel umfüllen. Den restlichen Parmesan mit einem scharfen Messer oder einem Käsehobel in dünne Scheiben schneiden.
2. Den Spinat waschen, verlesen und gut abtropfen lassen. Die Frühlingszwiebeln und Knoblauchzehen abziehen, Frühlingszwiebeln waschen und klein schneiden, beides in den Mixbehälter geben. Messbecher aufsetzen und alles **Turbotaste/6 Sekunden** zerkleinern. Mit dem Spatel nach unten schieben, das Olivenöl dazugießen und **4 Minuten/Stufe 1/120 °C** dünsten.
3. Den Spinat dazugeben und **6 Sekunden/Stufe 5** zerkleinern. Den Romanesco waschen, putzen und in mundgerechte Stücke schneiden. Zusammen mit den Erbsen im flachen Dampfgaraufsatz verteilen.
4. Reis und Gemüsebrühe in den Mixbehälter geben, den Dampfgaraufsatz aufsetzen und das Ganze **Linkslauf/16 Minuten/Stufe 1/100 °C** garen.
5. Den Dampfgaraufsatz abnehmen und beiseitestellen. Die Butter in Stücken und den geriebenen Parmesan mit dem Spatel unterheben und Reis 1 Minute quellen lassen.
6. Risotto mit Salz und Pfeffer abschmecken und den Romanesco und die Erbsen unterheben. Risotto auf 4 Teller verteilen und mit dem gehobelten Parmesan bestreut servieren.

Info: Im Juni und Juli finden wir die zarten Markerbsen in ihren Schoten auf dem Markt. Das Auspalen macht zwar viel Arbeit, lohnt sich aber, denn frisch gepalte Erbsen schmecken unwiderstehlich gut! Von 500 g Schoten können Sie etwa 200 g Erbsen »ernten« – wenn Sie nicht schon eine Menge weggenascht haben.
Frische Erbsen enthalten viel pflanzliches Eiweiß sowie Folsäure und Niacin. Für Vegetarier und Veganer sind sie eine unverzichtbare Eiweißquelle.

Tiramisu mit Erdbeeren

Für 8 Portionen • Pro Portion: 430 kcal, 6 g E, 31 g F, 32 g KH

500 g Erdbeeren
1 Orange
½ Vanilleschote
200 ml Sahne
50 g weiße Schokolade
400 g Mascarpone
50 g Zucker
1 EL Zitronensaft
18 Löffelbiskuits (ca. 150 g)
Puderzucker nach Belieben

1. Die Erdbeeren behutsam waschen und putzen. Die Orange auspressen – das soll etwa 100 ml Saft ergeben. Die Vanilleschote längs aufschlitzen und das Mark herauskratzen.
2. Die Sahne in den Mixbehälter geben, den Rühraufsatz einsetzen und Sahne auf **Stufe 3** steif schlagen. Das dauert je nach Hersteller unterschiedlich lang. Daher durch die Deckelöffnung beobachten, wann die Sahne steif ist. In eine Schüssel umfüllen und kalt stellen. Den Mixbehälter spülen.
3. 200 g Erdbeeren mit dem Orangensaft in den Mixbehälter geben, Messbecher aufsetzen und Erdbeeren **10 Sekunden/Stufe 6** pürieren. In eine Schüssel umfüllen und beiseitestellen. Den Mixbehälter spülen und abtrocknen.
4. Die Schokolade grob zerhacken und im Mixbehälter (Messbecher!) **8 Sekunden/Stufe 7** zerkleinern. Mascarpone, Zucker, Zitronensaft, Vanillemark und Sahne dazugeben und **15 Sekunden/Stufe 3** vermischen.
5. Eine Auflaufform oder Schüssel mit ca. 1 l Fassungsvermögen mit der Hälfte der Löffelbiskuits auslegen und die Hälfte des Erdbeerpürees daraufgeben. Die Hälfte der Mascarponecreme darauf verstreichen. Die restlichen Biskuits darüber verteilen, wieder Erdbeerpüree daraufgeben und die restliche Creme obendrauf glatt streichen.
6. Tiramisu zugedeckt im Kühlschrank 2–3 Stunden kalt stellen.
7. Vor dem Servieren die restlichen Erdbeeren in Scheiben schneiden und auf dem Tiramisu verteilen. Nach Belieben mit Puderzucker bestreut servieren.

One-Pot-Pasta mit grünem Spargelpesto

Für 4 Portionen • Pro Portion: 529 kcal, 22 g E, 16 g F, 75 g KH

500 g grüner Spargel
1 TL Salz
1 ½ l Wasser + 800 ml
75 g Bergkäse
10 Stängel glatte Petersilie
5 Stängel Basilikum
2 Knoblauchzehen
75 g Cashewkerne
1 Bio-Zitrone
75 ml Olivenöl
Salz, Pfeffer
360 g Spaghetti

1. Den Spargel – wenn nötig – im unteren Drittel dünn abschälen und die holzigen Enden abschneiden. Von oben 5 cm mit den Spargelköpfchen und weitere 5 cm vom Schaft abschneiden und beiseitelegen. Den übrigen Spargel grob hacken und in den Kocheinsatz legen.
2. 1 ½ l Wasser mit Salz in den Mixbehälter füllen und in **10 Minuten/Stufe 1/120 °C** zum Kochen bringen. Den Kocheinsatz einhängen und die Spargelstücke **3 Minuten/Stufe 1/120 °C** blanchieren. Herausnehmen und eiskalt abschrecken. Den Mixbehälter ausleeren und abtrocknen.
3. 50 g Bergkäse in den Mixbehälter geben, Messbecher aufsetzen und **8 Sekunden/Stufe 10** reiben. Petersilie und Basilikum waschen, trocken schütteln, die Blättchen von den Stängeln zupfen und mit den Spargelstücken aus dem Kocheinsatz zum Käse geben. Die Knoblauchzehen schälen und ebenfalls dazugeben.
4. Die Cashewkerne – nach Belieben – in einer beschichteten Pfanne ohne Fett rösten. Die Zitrone heiß waschen, die Schale abraspeln und die Frucht auspressen.
5. Cashewkerne, Zitronenschale, 3 EL Zitronensaft und Öl in den Mixbehälter geben, Messbecher aufsetzen und alles zusammen **25 Sekunden/Stufe 7** zu einer cremigen Paste verarbeiten. In eine Schüssel umfüllen und mit Salz und Pfeffer abschmecken.
6. Den Mixbehälter nach Belieben ausspülen – wird er nicht gespült, werden die Spaghetti grün. 800 ml Wasser mit 1 TL Salz einfüllen und in **6 Minuten/Stufe 1/120 °C** zum Kochen bringen. **Linkslauf/9–12 Minuten** je nach Packungsanleitung**/Stufe 1/100 °C** am Gerät einstellen, die restlichen Spargelstücke und Spaghetti durch die Deckelöffnung in den Mixbehälter geben und Nudeln bissfest garen.
7. Den restlichen Käse mit einem scharfen Messer in Flocken schneiden. Pasta mit Spargel auf 4 Teller verteilen, Spargelpesto darüberlöffeln und mit Käseflocken bestreut servieren.

Tipp: Auch Macadamia oder Walnüsse passen gut zum grünen Spargel und können zu Pesto verarbeitet werden. Besonders aromatisch: immer das jeweilige Öl dazu verwenden!

Frühlingspizza mit Spinat und Erbsen

Für 1 Blech (8 Stück) • Pro Stück: 312 kcal, 13 g E, 12 g F, 40 g KH

½ Würfel frische Hefe
Salz
1 TL Zucker
250 ml lauwarmes Wasser
400 g Weizenmehl (Type 550)
2 EL Olivenöl
250 g Erbsen in Schoten
200 g Blattspinat
2 Kugeln Mozzarella
2 EL Tomatenmark
5 Stängel Basilikum
ca. 1 l Wasser
etwas Mehl für die Arbeitsfläche
schwarzer Pfeffer aus der Mühle

1. Hefe, Salz, Zucker und Wasser in den Mixbehälter geben und **20 Sekunden/Stufe 2** mischen, bis sich die Hefe aufgelöst hat. Das Mehl und Olivenöl dazugeben und **2 Minuten/Knetstufe** zu einem glatten Teig verarbeiten. Teig in eine Schüssel umfüllen und zugedeckt etwa 1 Stunde an einem warmen Ort gehen lassen. Den Mixbehälter nicht spülen.
2. In der Zwischenzeit die Erbsen auspalen. Den Spinat waschen, gut abtropfen lassen und verlesen. Mozzarella abtropfen lassen und in dünne Scheiben schneiden. Das Tomatenmark in einer kleinen Schüssel mit etwas Wasser flüssig rühren. Basilikum waschen, trocken schütteln und die Blätter von den Stängeln zupfen.

3. Den Backofen auf 220 °C Ober-/Unterhitze (Umluft 200 °C) vorheizen. Wasser in den Mixbehälter geben. Erbsen und Spinat in den Kocheinsatz geben, Kocheinsatz einhängen und Gemüse **15 Minuten/Stufe 1/100 °C** vorgaren. Anschließend herausnehmen und mit kaltem Wasser abbrausen (dadurch behalten die Erbsen ihre schöne Farbe).
4. Ein Stück Backpapier in Größe des Backblechs zuschneiden, mit Mehl bestäuben, den Pizzateig darauf ausrollen und auf das Backblech ziehen.
5. Das Tomatenmark auf dem Teig verstreichen und Pizza mit den übrigen vorbereiteten Zutaten belegen. Mit Pfeffer übermahlen und im vorgeheizten Backofen auf der unteren Schiene 15–20 Minuten knusprig backen.

Lachs mit grünem Spargel auf Spargelsauce

Für 4 Portionen • Pro Portion: 513 kcal, 37 g E, 39 g F, 4 g KH

500 g grüner Spargel
4 Lachsfilets ohne Haut (à ca. 125 g)
2 EL Zitronensaft
Salz, Pfeffer
500 ml Wasser
2 Schalotten
2 Stängel glatte Petersilie
40 g Parmesan oder Grana Padano
2 EL Olivenöl
150 ml Crème fraîche
schwarzer Pfeffer aus der Mühle

1. Den Spargel, wenn nötig, im unteren Drittel schälen und die holzigen Enden entfernen. Die Köpfchen abschneiden und in den tiefen Dampfgaraufsatz legen. Den restlichen Spargel grob in Stücke schneiden und in den Kocheinsatz geben.
2. Die Lachsfilets trocken tupfen, mit 1 EL Zitronensaft beträufeln und mit Salz und Pfeffer würzen. Ein Stück Pergamentpapier so zuschneiden, dass es in den flachen Dampfgareinsatz passt und dabei die seitlichen Schlitze zur Dampfzirkulation frei bleiben. Den Lachs darauflegen.
3. Wasser in den Mixbehälter füllen, Kocheinsatz einhängen und die Dampfgaraufsätze aufsetzen. Das Ganze **20 Minuten/Dampfgaren** dämpfen.

4. In der Zwischenzeit die Schalotten abziehen und halbieren. Die Petersilie waschen, trocken tupfen und die Blätter von den Stängeln zupfen. Den Käse mit einem scharfen Messer in Blättchen schneiden. (Parmesan-Flakes gibt es auch fertig zu kaufen.)
5. Dampfgareinsätze und Kocheinsatz beiseitestellen. Den Mixbehälter ausleeren und abtrocknen. Schalotten, Petersilie und Öl in den Mixbehälter geben, den Messbecher aufsetzen und alles **5 Sekunden/Turbo-Taste** zerkleinern. Mit dem Spatel nach unten schieben und **4 Minuten/Stufe 1/120 °C** dünsten.
6. Die Spargelstücke aus dem Kocheinsatz dazugeben und **35 Sekunden/Stufe 6** pürieren. Zwischendurch mit dem Spatel nach unten schieben. Die Crème fraîche **45 Sekunden/Stufe 2/70 °C** unterrühren und leicht erwärmen. Mit Salz, Pfeffer und dem restlichen Zitronensaft abschmecken.
7. Die Sauce auf 4 Teller verteilen, die Spargelköpfchen, Lachsschnitten und Parmesan-Flakes darauflegen und mit schwarzem Pfeffer bestreut servieren.

Mangold mit gedünstetem Huhn

Für 4 Portionen • Pro Portion: 240 kcal, 28 g E, 12 g F, 5 g KH

1 große Gemüsezwiebel
1 Staude Mangold (ca. 1 kg)
2 Hähnchenbrustfilets
Salz, Pfeffer
1 EL Rapsöl
250 ml Gemüsebrühe
4 Stängel Thymian

1. Die Zwiebel abziehen und vierteln. Mangold gründlich unter fließendem Wasser waschen und trocken schütteln. Die Stiele keilförmig heraustrennen und grob zerschneiden. Die Blätter quer in etwa 5 cm breite Streifen schneiden und im tiefen Dampfgaraufsatz verteilen.
2. Die Hähnchenbrustfilets in mundgerechte Stücke schneiden, salzen und pfeffern und in den flachen Dampfgaraufsatz legen.
3. Zwiebel, Mangoldstiele und Öl in den Mixbehälter geben, Messbecher aufsetzen und Gemüse **6 Sekunden/Stufe 5** zerkleinern. Mit dem Spatel nach unten schieben und **4 Minuten/Stufe 1/120 °C** dünsten.
4. Die Brühe angießen und die Dampfgaraufsätze aufsetzen. Das Ganze **23 Minuten/Stufe 1/100 °C** dünsten.
5. Thymian waschen, mit Küchenkrepp trocken tupfen und die Blättchen von den Stängeln streifen.
6. Die Dampfgaraufsätze abnehmen, das Mangoldgemüse auf 4 tiefe Teller verteilen und mit der Zwiebelbrühe begießen. Die Hähnchenwürfel darübergeben und mit Thymian bestreut servieren.

Rhabarber-Blechkuchen

Für 24 Stück • Pro Stück: 247 kcal, 5 g E, 15 g F, 23 g KH

1 ½ kg Rhabarber
1 Bio-Orange
375 g weiche Butter
30 g Zucker
1 Pck. Vanillezucker
Salz
8 Eier, Größe M
500 g Weizenmehl (Type 550)
1 Pck. Backpulver
100 g Puderzucker
2 EL Zitronensaft
heißes Wasser

1. Rhabarber waschen, gründlich putzen und in 1 cm breite Scheiben schneiden. Die Orange heiß waschen, die Schale dünn abreiben und die Frucht auspressen. Den Backofen auf 200 °C Ober-/Unterhitze (Umluft 180 °C) vorheizen.
2. Butter, Zucker, Vanillezucker, Orangenschale und 1 Prise Salz in den Mixbehälter geben, Messbecher aufsetzen und Zutaten **2 Minuten/Stufe 4** schaumig rühren.
3. Am Gerät **1 Minute/Stufe 3** einstellen und nach und nach die aufgeschlagenen Eier durch die Deckelöffnung zum Teig gleiten lassen. Den Orangensaft, Mehl und Backpulver dazugeben und **20 Sekunden/Stufe 4** kneten.
4. Die Rhabarberstücke **Linkslauf/15 Sekunden/Stufe 3** unterrühren. Ein Backblech mit Backpapier auslegen und den Kuchenteig darauf verstreichen. 40 Minuten im vorgeheizten Backofen auf der 2. Schiene von unten goldgelb backen.
5. Puderzucker mit Zitronensaft und etwas heißem Wasser zu einer dünnflüssigen Masse verrühren und den heißen Kuchen sofort damit beträufeln. Etwas abkühlen lassen und lauwarm oder auch kalt genießen.

Rhabarber-Erdbeer-Kuchen

Für 12 Scheiben • Pro Scheibe: 293 kcal, 5 g E, 16 g F, 34 g KH

300 g Rhabarber
300 g Erdbeeren
200 g Weizenmehl (Type 550)
200 g weiche Butter
40 g Haferflocken
75 g Weizenvollkornmehl (Type 1050)
150 g Zucker
1 EL Backpulver
½ TL Salz
1 Ei, Größe M
200 ml Milch

1. Den Rhabarber waschen, putzen und in 1 ½ cm breite Scheiben schneiden. Die Erdbeeren behutsam waschen, entstielen und je nach Größe halbieren oder vierteln. 2 EL vom Weizenmehl vorsichtig mit den Früchten vermischen.
2. Eine Kastenform (ca. 26 x 12 cm) mit Backpapier auslegen, mit 1 EL von der Butter ausstreichen und mit den Haferflocken ausstreuen.
3. Den Backofen auf 200 °C Ober-/Unterhitze vorheizen (für Umluft nicht geeignet).
4. Die restliche Butter in den Mixbehälter geben und **1 Minute/Stufe 3/ 80 °C** schmelzen.
5. Das restliche Mehl, Vollkornmehl, Zucker, Backpulver, Salz, Ei und Milch dazugeben, Messbecher aufsetzen und alles in **25 Sekunden/Stufe 4** zu einem Teig verarbeiten.

6. Die Früchte mit dem Spatel unterheben und das Ganze in die vorbereitete Kastenform füllen. Kuchen im vorgeheizten Backofen auf der untersten Schiene 1 Stunde backen (gegen Ende eventuell mit Alufolie abdecken). Anschließend 15 Minuten in der Form abkühlen lassen, dann stürzen und auf einem Kuchengitter vollständig auskühlen lassen.

Joghurt-Nockerl auf Erdbeerkompott

Für 6 Portionen • Pro Portion: 279 kcal, 7 g E, 11 g F, 32 g KH

4 Blatt weiße Gelatine
500 g Joghurt
150 g Crème fraîche
125 g Puderzucker
1 Vanilleschote
750 g Erdbeeren
200 ml Weißwein oder Apfelsaft
1 Zimtstange

1. Die Gelatine nach Packungsanleitung in kaltem Wasser einweichen. Joghurt, Crème fraîche und 25 g Puderzucker in den Mixbehälter geben. Die Vanilleschote längs aufschlitzen, das Mark herausschaben und in den Mixbehälter geben. **5 Sekunden/Stufe 3** verrühren.
2. Die Gelatine etwas ausdrücken und in einem kleinen Topf unter Rühren auflösen, 2–3 EL der Joghurtmasse unterrühren. **10 Sekunden/Stufe 2** am Gerät einstellen und das Gelatine-Gemisch durch die Deckelöffnung dazugießen und unterrühren. Masse in eine Schüssel umfüllen und 3–4 Stunden im Kühlschrank stocken lassen. Mixbehälter ausspülen und trocknen.
3. Die Erdbeeren putzen, waschen und die Hälfte davon längs halbieren oder vierteln.
4. Die restlichen Erdbeeren mit Wein (oder Apfelsaft), dem restlichen Zucker, der leeren Vanilleschote und der Zimtstange in den Mixbehälter geben und in **7 Minuten/Stufe 1/100 °C** aufkochen lassen. Vanilleschote und Zimtstange entfernen und das Ganze **8 Sekunden/Stufe 5** pürieren (Messbecher!). In eine Schüssel umfüllen, abkühlen und im Kühlschrank erkalten lassen.
5. Zum Servieren die Erdbeersauce auf 6 tiefe Teller verteilen und die restlichen Erdbeeren daraufgeben. Mit einem in heißes Wasser getauchten Löffel große Nockerln aus der Joghurtmasse abstechen und obenauf setzen.

Tipp: Minze oder Zitronenmelisse – in Streifen geschnitten – können entweder unter die Erdbeersauce gemischt oder zum Garnieren verwendet werden.

Sommer

Die Tage sind wunderbar lang, die Temperaturen wie im Süden: Jetzt haben wir Lust auf leichte und kühle Speisen. Köstliche Sommer-Rezepte – unkompliziert und schnell mit dem Monsieur Cuisine zubereitet und natürlich mit viel frisch geerntetem Obst, Gemüse und Kräutern.

Frozen Joghurt, Eis und Sorbets sind nun Favoriten, und die Obsttorten sind unwiderstehlich. Kalte und leichte Sommersuppen – auch zum Mitnehmen – machen satt, ohne zu beschweren. Wir rüsten zur Gartenparty und zum Picknick, und das alles mit Zutaten hauptsächlich aus regionalem Anbau, denn unsere Felder, Gärten und Märkte sind voll von aromatischen Früchten, bunten Beeren und knackigem Gemüse – das verspricht Genuss fürs Auge und den Gaumen und nützt der Bikini-Figur.

Wir haben uns viele tolle und abwechslungsreiche Rezepte einfallen lassen: schnelle Gerichte für die ganze Familie, Torten ohne Backen, Pfiffiges zum Mitnehmen und für den Wintervorrat und natürlich auch raffinierte Rezepte für Gäste.

Frozen Erdbeerjoghurt mit Cookies

Für 4 Portionen • Pro Portion: 115 kcal, 3 g E, 3 g F, 20 g KH

250 g frische Erdbeeren
1 EL Zitronensaft
3 EL Honig oder Sirup nach Belieben
100 g eiskalter Joghurt
50 g Butterkekse
frische Minzeblätter zum Garnieren

1. Die Erdbeeren behutsam waschen und putzen. 50 g Erdbeeren beiseitestellen. Die restlichen flach ausgebreitet in den Tiefkühler geben und 2–3 Stunden gefrieren lassen.
2. Gefrorene Erdbeeren, Zitronensaft, Honig und Joghurt in den Mixbehälter geben und **25 Sekunden/Stufe 4** zerkleinern. Anschließend **3 Minuten/Stufe 3** cremig rühren.
3. In der Zwischenzeit die Kekse grob zerbröseln und die restlichen frischen Erdbeeren in Spalten schneiden.
4. Frozen Erdbeerjoghurt in Gläser füllen, die frischen Erdbeeren unterheben und alles mit den Keksen bestreuen. Nach Belieben mit einigen Minzeblättchen dekorieren und sofort servieren.

Frozen Joghurt mit Brombeeren

Für 2 Portionen • Pro Portion: 185 kcal, 6 g E, 6 g F, 27 g KH

250 g Joghurt
200 g Brombeeren
30 g Puderzucker
1 EL Zitronensaft
frische Minzeblätter zum Garnieren

1. Joghurt in einen Eiswürfelbehälter oder ein flaches Gefäß füllen. Brombeeren waschen und auf einen flachen Teller geben. Beides im Tiefkühler 2 Stunden gefrieren lassen.
2. Einige Brombeeren zum Garnieren beiseitelegen. Die restlichen Beeren mit dem Puderzucker und Zitronensaft in den Mixbehälter geben und mit 2–3 Turbo-Impulsen zerkleinern.
3. Joghurt dazugeben und **20 Sekunden/Stufe 5** zerkleinern. Den Rühraufsatz einsetzen und **2 Minuten/Stufe 2** cremig rühren.
4. Creme auf Gläser oder Schüsseln verteilen und mit den restlichen Beeren und Minze garniert sofort servieren.

Holunderblüten-Gelee

Für ca. 4 Gläser à 250 ml • Pro Portion (2 EL): 60 kcal, 0 g E, 0 g F, 15 g KH

12 Dolden Holunderblüten
1 l Bio-Apfelsaft, ungezuckert
½ Zitrone
400 g Gelierzucker 3:1

1. Die Holunderblüten ausschütteln und die Stiele abschneiden. Dolden behutsam waschen und gut abtropfen lassen. In eine Schüssel geben und mit dem Apfelsaft übergießen. Den Saft der ½ Zitrone dazugeben und alles zugedeckt im Kühlschrank 24 Stunden ziehen lassen. Ab und zu umrühren.
2. Ein feines Sieb über den Mixbehälter hängen, die Holunderblüten mit dem Saft hineinfüllen und mit einer Kelle gut ausdrücken.
3. Den Gelierzucker zum Saft geben und in **6–7 Minuten/Stufe 1/100 °C** zum Kochen bringen. Den Kocheinsatz als Spritzschutz aufsetzen! Anschließend **4 Minuten/Stufe 1/100 °C** sprudelnd kochen lassen.
4. Gelee heiß in vorbereitete Schraubgläser füllen, diese fest verschließen und auf dem Kopf stehend auskühlen lassen.

Tipp 1: Lecker schmecken dazu Mandelblättchen. Pro Glas 10 g Mandelblättchen in einer beschichteten Pfanne ohne Fett rösten und vor dem Füllen in die Gläser geben.

Tipp 2: Auch ein klein wenig Ingwer macht sich gut im Holunderblüten-Gelee. Dazu 10 g Ingwerwurzel schälen und vierteln. Zusammen mit dem Saftgemisch kochen lassen und vor dem Füllen der Gläser entfernen.

Kirschenmarmelade mit Himbeeren und Johannisbeeren

Für ca. 3 Gläser à 250 ml • Pro Portion (2 EL): 85 kcal, 0 g E, 0 g F, 21 g KH

250 g Sauer- oder Süßkirschen (vorbereitet gewogen)
125 g Himbeeren (vorbereitet gewogen)
125 g Rote Johannisbeeren (vorbereitet gewogen)
½ kg Gelierzucker für Beeren

1. Die Kirschen waschen, verlesen und putzen. Zum Entsteinen mit einem scharfen Messer halbieren und den Stein entfernen. Leichter geht das mit einem Kirschkernentferner, den Sie auch für Oliven verwenden können.
2. Die Himbeeren verlesen, putzen und – wenn nötig – behutsam waschen. Die Johannisbeeren waschen und mit einer Gabel von den Rispen streifen.
3. Das Obst und den Gelierzucker in den Mixbehälter geben, Messbecher aufsetzen und alles **5 Sekunden/Stufe 5** etwas zerkleinern und vermischen. Wenn möglich die Masse 1–3 Stunden stehen lassen.
4. Dann in **7–8 Minuten/Stufe 1/100 °C** (Kocheinsatz als Spritzschutz!) zum Kochen bringen und anschließend **4 Minuten/Stufe 1/100 °C** sprudelnd kochen lassen.
5. Marmelade in vorbereitete Schraubgläser füllen, diese fest verschließen und 10 Minuten auf dem Kopf stehen lassen. Dann umdrehen und abkühlen lassen.

Tipp: Die süßsauren Beeren können auch gewürzt werden. Stecken Sie in einen Teil der gefüllten Gläser vor dem Verschließen einen Zweig Thymian oder Rosmarin. Die Kräuter geben dann während der Lagerung ihre Aromen ab.

Heidelbeer-marmelade

Für ca. 3 Gläser à 250 ml • Pro Portion (2 EL): 49 kcal, 0 g E, 0 g F, 12 g KH

500 g Heidelbeeren (vorbereitet gewogen)
1 Stück Zimtstange (etwa 5 cm)
2 Gewürznelken
250 g Gelierzucker 2:1
1 EL Zitronensaft
50 ml weißer Balsamessig oder Grand Manier

1. Die Heidelbeeren behutsam waschen, abtropfen lassen und verlesen.
2. Die Zimtstange und die Nelken in den Mixbehälter geben, Messbecher aufsetzen und **10 Sekunden/Stufe 9** pulverisieren.
3. Heidelbeeren, Gelierzucker und Zitronensaft dazugeben und in **6–7 Minuten/Stufe 1/100 °C** zum Kochen bringen. (Den Kocheinsatz als Spritzschutz aufsetzen!)
4. Marmelade **4 Minuten/Stufe 1/100 °C** sprudelnd kochen lassen und die Gelierprobe machen: 1 TL auf einen kalten Teller geben. Wenn die Masse nicht fest wird, noch etwas Gelierzucker oder ein Päckchen Zitronensäure zugeben und alles nochmals aufkochen.
5. Masse in vorbereitete Schraubgläser füllen, diese gut verschließen und 10 Minuten auf dem Kopf stehen lassen. Dann umdrehen und abkühlen lassen.

Info: Die kleineren und sehr aromatischen Waldheidelbeeren finden Sie nur zwischen Juni und September auf dem Markt. Die Kulturheidelbeeren hingegen sind das ganze Jahr über aus heimischen Zuchten oder als Importware erhältlich.

Tipp: Ganz leicht können Sie aus der Heidelbeermarmelade auch Heidelbeersenf machen. Mischen Sie 100 g Marmelade mit 1 EL scharfem Dijonsenf – das passt toll zu Käse!

Aprikosenmarmelade mit Lavendelblüten

Für 3 Gläser à 250 ml • Pro Portion (2 EL): 49 kcal, 0 g E, 0 g F, 12 g KH

250 g Zucker
3 frische Lavendelblüten (ersatzweise 1 EL getrocknete)
½ kg Aprikosen (vorbereitet gewogen)
1 Päckchen Gelfix 2:1
1 Päckchen Zitronensäure

1. Die Hälfte des Zuckers mit den Lavendelblüten in den Mixbehälter geben, Messbecher aufsetzen und **10 Sekunden/Stufe 10** pulverisieren.
2. Die Aprikosen waschen und entsteinen. In den Mixbehälter geben und **5 Sekunden/Stufe 5** zerkleinern. Den restlichen Zucker, Gelfix und Zitronensäure dazugeben und in **6–7 Minuten/Stufe 1/100 °C** zum Kochen bringen. Den Kocheinsatz als Spritzschutz aufsetzen!
3. Die Marmelade **4 Minuten/Stufe 1/100 °C** sprudelnd kochen lassen. Dann 1 TL entnehmen und auf einen kalten Teller träufeln: Die Marmelade sollte schnell fest werden. Wenn nicht: Geben Sie noch 1 TL Zitronensäure dazu und rühren **30 Sekunden/Stufe 2** um.
4. Die heiße Marmelade in vorbereitete Schraubgläser füllen, diese gut verschließen und 10 Minuten auf dem Kopf stehen lassen. Umdrehen und auskühlen lassen.

Tipp 1: Wenn Lavendel nicht so ganz Ihr Fall ist, probieren Sie die Marmelade mit Zitronenmelisse oder Verbene (Eisenkraut). Beides gedeiht gut auf einem sonnigen Balkon und schmeckt auch als Tee.

Tipp 2: Um eine besonders feine Marmelade zu bekommen, können Sie die Aprikosen vor dem Kochen häuten. Dazu Aprikosen in eine Schüssel geben und mit kochendem Wasser übergießen. Einige Minuten stehen lassen, das Wasser abgießen und die Früchte kalt abschrecken. Die Haut lässt sich jetzt gut mit einem kleinen Messer abziehen. Achtung: Bei dieser Art der Zubereitung brauchen Sie etwa 750 g Aprikosen, um 500 g vorbereitete Früchte zu erhalten.

Tomatenmarmelade

Für ca. 5 Gläser á 250 ml • Pro Portion (2 EL): 62 kcal, 0 g E, 0 g F, 15 g KH

750 g reife, aromatische Tomaten
1 Peperonischote (oder mehr je nach Geschmack)
500 g Gelierzucker 2:1
1 Päckchen Zitronensäure
1 Vanilleschote
1 Stück Ingwer (walnussgroß)
1 Bio-Limette
25 ml Sirup (z. B. Ahorn- oder Granatapfelsirup)

1. Die Tomaten waschen, halbieren und die Stielansätze herausschneiden. Die Peperonischote waschen, putzen, längs aufschlitzen und die Kerne entfernen.
2. Tomaten, Peperonischote, Gelierzucker und Zitronensäure in den Mixbehälter geben, Messbecher aufsetzen und **10 Sekunden/Stufe 4** verrühren und weitere **10 Sekunden/Stufe 6** pürieren. Mit dem Spatel nach unten schieben und 1 Stunde (oder länger) ziehen lassen.
3. Die Vanilleschote aufschlitzen und das Mark herauskratzen. (Die leere Schote eventuell zur Herstellung von Vanillezucker aufbewahren.) Den Ingwer schälen und fein reiben. Die Limette heiß waschen, 1 EL Schale abraspeln und die Frucht auspressen.
4. Alle Zutaten zu den Tomaten geben und in **6 Minuten/Stufe 1/100 °C** zum Kochen bringen. Anschließend **4 Minuten/Stufe 1/100 °C** sprudelnd kochen lassen. Den Kocheinsatz als Spritzschutz aufsetzen!
5. Die Gelierprobe machen (unbedingt, denn die Tomaten enthalten unterschiedlich viel Wasser!) und die Marmelade eventuell noch mit mehr Sirup oder Limettensaft abschmecken. Bei Bedarf 1 Päckchen Gelfix dazugeben, nochmals aufkochen lassen und Masse in die vorbereiteten Gläser füllen und diese 10 Minuten auf dem Kopf stehen lassen. Dann umdrehen und abkühlen lassen.

Tipp: Die süßen Tomaten schmecken nicht nur als Brotaufstrich – auch würziger Käse, zum Beispiel Pecorino oder alter Gouda, mag Marmelade.

Kalte Erbsensuppe mit Wasabi

Für 4 Portionen • Pro Portion: 160 kcal, 8 g E, 7 g F, 16 g KH

500 g frisch gepalte Erbsen
800 ml Gemüsebrühe oder -fond
2 EL Crème fraîche
2–3 TL Wasabi
4 Zweige frische Minze
Salz, Pfeffer

1. Erbsen mit der Gemüsebrühe in den Mixbehälter geben und **12 Minuten/ Stufe 1/100 °C** weich kochen.
2. Crème fraîche und Wasabi dazugeben und alles **40 Sekunden/Stufe 6–8** ansteigend fein pürieren. Suppe in eine Schüssel umfüllen, auskühlen lassen und 2–3 Stunden im Kühlschrank durchkühlen lassen.
3. Vor dem Servieren die Minze waschen, gut trocken schütteln, die Blätter von den Stängeln zupfen und in Streifen schneiden.
4. Die kalte Suppe mit Salz, Pfeffer und nach Geschmack noch mehr Wasabi pikant abschmecken, auf Teller verteilen und mit Minze bestreut servieren.

Tomaten süß-sauer und scharf

Für 6 Gläser à 250 ml • Pro Portion (20 ml): 17 kcal, 0 g E, 0 g F, 4 g KH

1,25 kg reife Kirschtomaten
250 g Gelierzucker 3:1
1 Vanilleschote
1 Stück Ingwer (etwa walnussgroß)
1 Bio-Zitrone
1 TL schwarze oder weiße Pfefferkörner
1 TL Senfkörner
1 TL Rosa Beeren
½–1 TL Peperoncino-Gewürz (alternativ getrocknete Chilischoten)
5 Zweige Thymian

1. Die Tomaten waschen und halbieren. In eine Schüssel geben, mit dem Gelierzucker vermischen und 1 Stunde ziehen lassen, damit der Zucker die Flüssigkeit aus den Tomaten ziehen kann.
2. Die Vanilleschote längs aufschlitzen und das Mark herauskratzen. Den Ingwer schälen und vierteln. Die Zitrone heiß waschen, die Schale dünn abraspeln und die Frucht auspressen.
3. Die Gewürze in den Mixbehälter geben, Messbecher aufsetzen und **30 Sekunden/Stufe 10** mörsern.
4. Tomaten-Zucker-Mischung, Vanillemark und -schote, Ingwer, Zitronensaft und -schale dazugeben, den Kocheinsatz als Spritzschutz aufsetzen und die Masse in **Linkslauf/7–8 Minuten/Stufe 2/100 °C** zum Kochen bringen.
5. In der Zwischenzeit den Thymian waschen, trocken schütteln, die Blättchen von den Stängeln zupfen und in die vorbereiteten Gläser verteilen.

6. Die Sauce **Linkslauf/4 Minuten/Stufe 2/100 °C** sprudelnd kochen lassen (Kocheinsatz aufsetzen!). Die Gelierprobe machen (1TL auf einen kalten Teller geben und beobachten, ob die Masse fest wird), gegebenenfalls noch 1 Päckchen Gelfix und Zitronensäure dazugeben und nochmals aufkochen lassen.
7. Die Vanilleschote und Ingwerstückchen nach Möglichkeit herausfischen, die Masse in die Gläser füllen, diese fest verschließen und 10 Minuten auf dem Kopf stehen lassen. Dann umdrehen und erkalten lassen.

Tipp: An Gewürzen können Sie nach Belieben noch Rosmarin, Basilikum oder Oregano hinzufügen. Wacholder – auch mal in Form von Gin – macht sich ebenfalls gut.

Stachelbeer-Chutney mit scharfem Senf

Für ca. 4 Gläser à 250 ml • Pro Portion (20 ml): 29 kcal, 0 g E, 1 g F, 5 g KH

1 EL Senfkörner
1 TL weiße Pfefferkörner
500 g Stachelbeeren
1 weiße Zwiebel
2 Knoblauchzehen
1 Stück Ingwer (walnussgroß)
5 Zweige Thymian oder Majoran
2 EL Olivenöl
200 g Zucker
150 ml Weißweinessig
50 g scharfer Senf
Salz

1. Die Senf- und Pfefferkörner in den Mixbehälter geben und **20 Sekunden/Stufe 10** zerkleinern. In eine Schüssel umfüllen und beiseitestellen. Der Mixbehälter muss nicht gespült werden.
2. Die Stachelbeeren waschen und Stiele und Blütenansätze mit einem scharfen Messer entfernen. Früchte halbieren oder vierteln. Die Zwiebel abziehen und vierteln. Knoblauchzehen und Ingwer schälen. Thymian waschen, trocken schütteln und die Blätter von den Stängeln zupfen.
3. Zwiebel, Knoblauch und Ingwer mit dem Olivenöl in den Mixbehälter geben, Messbecher aufsetzen und **5 Sekunden/Turbo-Taste** zerkleinern. Mit dem Spatel nach unten schieben und den Vorgang wiederholen.
4. Masse **4 Minuten/Stufe 1/120 °C** dünsten. Den Zucker dazugeben und **3 Minuten/Stufe 2/100 °C** rühren, bis er sich aufgelöst hat. Essig und Stachelbeeren dazugeben und **6 Minuten/Stufe 1/100 °C** kochen lassen.

5. Das Senf-Pfeffer-Pulver und den Thymian dazugeben und offen **20 Minuten/Stufe 2/90 °C** einkochen lassen.
6. Den Senf mit dem Spatel einrühren und das Chutney mit Salz abschmecken. Heiß in vorbereitete Schraubgläser füllen, diese gut verschließen und 10 Minuten auf dem Kopf stehen lassen. Dann umdrehen und abkühlen lassen.

Gurken-Kokosmilch-Suppe

Für 4 Portionen • Pro Portion: 215 kcal, 3 g E, 19 g F, 7 g KH

1 weiße Zwiebel
1 Knoblauchzehe
1 EL Rapsöl
600 g Salat- oder Gartengurken
200 g saure Sahne
100 g cremige Kokosmilch (aus der Dose)
400 ml Gemüse- oder Kalbsfond
4–5 Eiswürfel nach Belieben
Salz, Pfeffer
Zucker
Zitronensaft

1. Die Zwiebel abziehen und vierteln. Die Knoblauchzehe schälen. Beides zusammen mit dem Öl in den Mixbehälter geben, den Messbecher aufsetzen und **5 Sekunden/Turbo-Taste** zerkleinern. Mit dem Spatel nach unten schieben und **4 Minuten/Stufe 1/120 °C** dünsten.
2. In der Zwischenzeit die Gurken schälen, längs halbieren und eventuell einige Scheiben zum Garnieren abschneiden. Die Kerne mit einem Löffel herauskratzen. Das Fruchtfleisch grob zerschneiden und mit saurer Sahne, Kokosmilch, Fond und – nach Belieben – einigen Eiswürfeln in den Mixbehälter geben, Messbecher aufsetzen und alles **60 Sekunden/Stufe 6–8** ansteigend fein pürieren.
3. Suppe mit Salz, Pfeffer, 1 Prise Zucker und etwas Zitronensaft fein abschmecken, auf 4 Teller verteilen und mit den Gurkenscheiben garniert servieren.

Tipp: Kerbel oder Estragon – fein gehackt – geben der Suppe zusätzlich ein feines Aroma. Wenn es gehaltvoller sein soll: Geräucherter Lachs passt ganz prima dazu.

Tiramisu im Glas

Für 6 Portionen • Pro Portion: 258 kcal, 6 g E, 16 g F, 22 g KH

150 g frische Beeren nach Belieben
8 Löffelbiskuits (ca. 65 g)
2 Portionen starker Espresso
3 Eier, Größe M
Salz
50 g Zucker
1 Päckchen Vanillezucker
200 g Mascarpone
Kakaopulver zum Bestreuen

1. Die Beeren waschen, gut abtropfen lassen und putzen oder verlesen. Die Löffelbiskuits zerbrechen, in eine Schüssel geben und mit dem Espresso begießen.
2. Den Rühraufsatz einsetzen, die Eier trennen und die Eiweiße mit 1 Prise Salz in den Mixbehälter geben und **4–5 Minuten/Stufe 4** sehr steif schlagen. In eine Schüssel umfüllen. Den Mixbehälter nicht spülen.
3. Eigelbe, Zucker, Vanillezucker und Mascarpone in den Topf geben, Messbecher aufsetzen und alles **15 Sekunden/Stufe 3** cremig rühren. Die Masse dann mit dem Spatel unter den Eischnee heben.
4. Die Hälfte der Creme in verschließbare Gläser füllen, Löffelbiskuits und die Hälfte der Beeren daraufgeben und diese mit der restlichen Creme bedecken.
5. Mit Kakaopulver und den restlichen Beeren bestreuen. Die Gläser verschließen und im Kühlschrank kalt stellen.

Gurken-Joghurt-Suppe mit Radieschen und Ei

Für 4 Portionen • Pro Portion: 206 kcal, 10 g E, 15 g F, 8 g KH • (mit Schinkenwurst: 353 kcal, 16 g E, 28 g F, 9 g KH)

3 Eier, Größe M
50 g Frischkäse
50 ml Mineralwasser
Salz, Pfeffer
20 g Butter
1 Bund Lauchzwiebeln
500 g Gartengurken
200 g Radieschen
3 Zweige Dill
500 ml Joghurt
250 ml Milch
Salz, Pfeffer
200 g Schinken oder Fleischwurst nach Belieben

1. Eier, Frischkäse, Mineralwasser, Salz und Pfeffer in den Mixbehälter geben, Messbecher aufsetzen und alles **15 Sekunden/Stufe 4** verquirlen.
2. Die Butter in einer beschichteten Pfanne schmelzen lassen, die Eiermischung dazugeben und unter gelegentlichem Rühren stocken lassen. Auf einen Teller geben, zerteilen und beiseitestellen. Den Mixbehälter spülen.
3. Die Lauchzwiebeln putzen, waschen und grob zerschneiden. Die Gurken schälen, längs halbieren, die Kerne herauskratzen und das Fruchtfleisch in Stücke schneiden. Die Radieschen waschen, putzen und in Scheiben schneiden. Den Dill waschen, trocken schütteln und die Blätter von den Stängeln zupfen.
4. Zwiebeln in den Mixbehälter geben, den Messbecher aufsetzen und **4 Sekunden/Turbo-Taste** zerkleinern. Mit dem Spatel nach unten schieben

und den Vorgang wiederholen, damit die Zwiebeln schön fein gehackt werden.

5. Gurke und Joghurt dazugeben und **30 Sekunden/Stufe 6** pürieren (Messbecher!). Die Milch **5 Sekunden/Stufe 3** einrühren – je nach Geschmack mit etwas mehr Milch verdünnen. Mit Salz und Pfeffer abschmecken.
6. Nach Belieben Schinken oder Fleischwurst in Quadrate oder Würfel schneiden. Die Suppe auf Teller verteilen, das gestockte Ei, die Radieschenscheiben und eventuell den Schinken oder die Wurst dazugeben und den Dill darüberstreuen.

Info: Die kleineren Gartengurken, meist mit rauer Schale, gelten als aromatischer als die großen, glatten. Zudem stammen sie meist aus regionalem Anbau und kommen im Sommer ganz frisch auf den Markt.

Paprika-Gazpacho

6 Portionen • Pro Portion: 113 kcal, 3 g E, 6 g F, 11 g KH

2 rote Paprikaschoten
1 kleine Peperonischote
1 kg reife Tomaten
2 TL Zucker
2–3 EL Zitronensaft
2 EL Olivenöl
Salz, Pfeffer
300 g Salatgurke
10 Blätter frisches Basilikum
10 Eiswürfel

1. Die Paprika- und Peperonischoten waschen, halbieren, Kerne und Trennwände entfernen und Fruchtfleisch grob in Stücke schneiden. Die Tomaten waschen, vierteln, die Stielansätze entfernen.
2. Paprika, Peperoni, Tomaten, Zucker, Zitronensaft und Öl in den Mixbehälter geben und **60 Sekunden/Stufe 6–8** fein pürieren. Mit Salz und Pfeffer abschmecken und im Kühlschrank mindestens 2 Stunden gut kühlen lassen.
3. Die Gurke waschen, längs halbieren und entkernen. Fruchtfleisch in kleine Würfel schneiden. Basilikum waschen, trocken schütteln, die Blätter von den Stängeln zupfen und in Streifen schneiden.
4. Vor dem Servieren die gekühlte Suppe mit den Eiswürfeln in den Mixbehälter geben und **60 Sekunden/Stufe 8** aufmixen. Sie wird dadurch cremig und wirklich eiskalt.
5. Gurkenwürfel auf Teller verteilen, die Suppe darüberschöpfen und mit Basilikum bestreut servieren.

Tipp: Machen Sie ruhig mehr von dieser Suppe, sie hält sich einige Tage im Kühlschrank. Oder Sie bereiten aus 2 übrigen Portionen mit 4 Blättern Gelatine eine prima Vorspeise zu: Masse in Espressotassen oder Gratinformen füllen, gelieren lassen, aus den Formen stürzen und auf buntem Salat servieren.

Wassermelonen-Gazpacho

Für 4 Portionen • Pro Portion: 298 kcal, 5 g E, 16 g F, 34 g KH

2 gelbe Paprikaschoten
400 g Salatgurke
1 kg Wassermelone
2 Scheiben Toastbrot
4 EL Olivenöl
Salz, Pfeffer
4 Zweige Thymian

1. Die Paprikaschoten waschen, putzen und entkernen. 1 Schote in Würfel schneiden und beiseitestellen. Die andere Schote grob zerschneiden. Die Gurke schälen, längs halbieren und mit einem Löffel entkernen, Fruchtfleisch grob in Stücke schneiden. (Nach Belieben ein Stück ungeschälte und gewaschene Gurke zum Garnieren in Scheiben schneiden.)
2. Die Wassermelone schälen und – wenn vorhanden – die Kerne möglichst entfernen. Das Toastbrot grob zerpflücken.
3. Die grob zerkleinerte Paprikaschote und das Toastbrot in den Mixbehälter geben und **6 Sekunden/Stufe 5** zerkleinern. Melone und Gurke mit dem Olivenöl dazugeben und **25 Sekunden/Stufe 5** pürieren. Nach Belieben können Sie die Suppe etwas kürzer oder länger pürieren.
4. Suppe in eine Schüssel umfüllen, mit Salz und Pfeffer abschmecken. Die gewaschenen Thymianzweige obenauf legen und Gazpacho 3–4 Stunden im Kühlschrank kalt stellen.
5. Die Suppe mit je 1 Thymianzweig auf 4 Teller verteilen und mit Gurkenscheiben und Paprikawürfeln dekoriert servieren.

Tipp: Gut schmecken dazu gegrillte oder gebratene Lachswürfel. Auch Garnelen auf Spießchen machen sich gut zur eisgekühlten Suppe.

Gemüsesuppe mit Putenbällchen

Für 4 Portionen • Pro Portion: 297 kcal, 26 g E, 5 g F, 35 g KH

Für die Putenbällchen:
300 g Putenbrust
1 Brötchen
2 Schalotten
1–2 Knoblauchzehen
3 Zweige Thymian
Salz, Pfeffer

Für die Suppe:
3 Lauchzwiebeln
1 Knoblauchzehe
200 g grüne Bohnen
100 g Möhren
1 EL Rapsöl
100 g frisch gepalte Erbsen
1 l Wasser oder Gemüsebrühe
1 Lorbeerblatt
3 Wacholderbeeren
100 g Farfalle
200 g Rispentomaten
Salz, Pfeffer
2 EL gehackte Petersilie oder Schnittlauch in Röllchen

1. Das Fleisch in 2 cm große Würfel schneiden und für 1 Stunde im Tiefkühlfach anfrieren lassen. Das Brötchen grob zerschneiden und in lauwarmem Wasser einweichen.
2. Die Schalotten und Knoblauchzehen abziehen und halbieren. Den Thymian waschen, trocken schütteln und die Blättchen von den Stängeln streifen.
3. Schalotten und Knoblauch in den Mixbehälter geben und **5 Sekunden/ Turbo-Taste** zerkleinern. Mit dem Spatel nach unten schieben. Fleisch und ausgedrücktes Brötchen dazugeben und **3 Sekunden/Stufe 6** zerkleinern.
4. Masse in eine Schüssel umfüllen (der Mixbehälter muss nicht gespült werden), den Thymian unterheben und alles mit Salz und Pfeffer würzen. Mit feuchten Händen 16 Bällchen formen und diese in den flachen Dampfgaraufsatz legen.
5. Für die Suppe die Lauchzwiebeln putzen, waschen, die Knoblauchzehe abziehen und beides grob zerschneiden. Die Bohnen waschen, putzen und in etwa 5 cm lange Stücke schneiden. Die Möhre schälen, putzen und grob zerkleinern.
6. Zwiebeln, Knoblauch und Möhre mit dem Rapsöl in den Mixbehälter geben, Messbecher aufsetzen, **5 Sekunden/Turbo-Taste** zerkleinern und mit dem Spatel nach unten schieben. **4 Minuten/Stufe 1/120 °C** dünsten.
7. Bohnen und Erbsen mit Wasser, Lorbeerblatt und Wacholderbeeren in den Mixbehälter geben und **10 Minuten/Stufe 1/90 °C** sanft kochen.
8. Die Farfalle zur Suppe geben, den Dampfgaraufsatz mit den Putenbällchen aufsetzen, und alles weitere **10 Minuten/Stufe 1/100 °C** garen.
9. Die Tomaten waschen und halbieren. In die Suppe geben (Putenbällchen wieder aufsetzen) und noch **10 Minuten/Stufe 1/100 °C** kochen.
10. Die Suppe mit Salz und Pfeffer abschmecken, auf 4 Teller verteilen, die Putenbällchen hineingeben und Petersilie oder Schnittlauch darüberstreuen.

Tipp: Die Putenbällchen können Sie natürlich auch in anderen Suppen verwenden oder zu gedämpftem Gemüse essen. 1 Bällchen hat 30 kcal, 5 g E, 0 g F, 2 g KH.

Penne mit grünem Sommergemüse

Für 2 Portionen • Pro Portion: 317 kcal, 10 g E, 16 g F, 33 g KH

1 kleine Zwiebel
1 Knoblauchzehe
100 g Brokkoli-Röschen
100 g gepalte Erbsen (etwa 300 g frische Schoten)
100 g Blattspinat
1 EL Olivenöl
400 ml Gemüsebrühe
150 g Penne
Salz, Pfeffer
50 g grünes Pesto
25 g geriebener Parmesan

1. Die Zwiebel abziehen und vierteln. Knoblauchzehe schälen. Die Brokkoli-Röschen waschen und in mundgerechte Stücke schneiden. (Stiele anderweitig verwenden – zum Beispiel für eine Suppe.) Den Spinat waschen, abtropfen lassen und in den tiefen Dampfgaraufsatz geben.
2. Zwiebel und Knoblauch mit dem Olivenöl in den Mixbehälter geben, den Messbecher aufsetzen und **5 Sekunden/Turbo-Taste** zerkleinern. Mit dem Spatel nach unten schieben und **4 Minuten/Stufe 1/120 °C** dünsten.
3. Brühe, Penne, Brokkoli und Erbsen dazugeben, den Dampfgaraussatz aufsetzen und alles **Linkslauf/12–14 Minuten/Stufe 1/100 °C** kochen.
4. Den Dampfgaraufsatz abnehmen, die Penne probieren und gegebenenfalls noch 30–50 ml Wasser zugeben und 1–2 Minuten ohne den Spinat weiter bei **Linkslauf/Stufe 1/100 °C** garen.
5. Den Spinat in den Mixbehälter geben und mit dem Spatel unterheben. Alles mit Salz und Pfeffer abschmecken, das Pesto dazugeben und **Linkslauf/10 Sekunden/Stufe 2** untermischen.
6. Gemüse und Penne auf 2 Teller verteilen und mit dem Parmesan bestreut servieren.

Erdbeer-Softeis

Für 6 Portionen • Pro Portion: 106 kcal, 1 g E, 5 g F, 12 g KH

500 g Erdbeeren
1 Päckchen Vanillezucker
30 g Zucker
25 g kandierter Ingwer
100 g Crème fraîche

1. Die Erdbeeren waschen, gut abtropfen lassen und putzen. 350 g auf einem kältebeständigen Teller ausbreiten und 3 Stunden im Tiefkühlfach gefrieren lassen.
2. Die restlichen 150 g Erdbeeren mit dem Vanillezucker in den Mixbehälter geben, Messbecher aufsetzen und **2 Sekunden/Stufe 4** zerkleinern. Sauce in eine Schüssel umfüllen und zugedeckt im Kühlschrank durchziehen lassen.
3. Die gefrorenen Erdbeeren mit Zucker und dem kandierten Ingwer in den Mixbehälter geben und **10 Sekunden/Stufe 8** zerkleinern (Messbecher!). Die Crème fraîche dazugeben und **30 Sekunden/Stufe 4** verrühren.
4. Das Eis gleich in Schalen anrichten und mit der Erdbeersauce beträufelt servieren.

Tipp: In Arbeitsschritt 3 können Sie statt der Crème fraîche auch 2 frische Eiweiße verwenden. Die zerkleinerten Erdbeeren mit dem Spatel an den Rand schieben, damit der Rühraufsatz eingesetzt werden kann, und dann Eiweiß **2 Minuten/Stufe 4** unterrühren.

Zucchini-Flammkuchen mit Nüssen

Für 2 Portionen • Pro Portion: 699 kcal, 24 g E, 44 g F, 52 g KH

Für den Quark-Öl-Teig:
120 g Weizenmehl (Type 405 oder 550)
100 g Magerquark
1 TL Backpulver
2 EL Olivenöl
3 EL Wasser
Salz

Für den Belag:
300 g Zucchini
1 EL Olivenöl
40 g saure Sahne oder Schmand
75 g Schafskäse
25 g Walnusskerne
2 EL Schnittlauch in Röllchen

1. Für den Teig alle Zutaten in den Mixbehälter geben und **2 Minuten/Knetstufe** zu einem glatten Teig verarbeiten.
2. Backpapier auf etwa die Hälfte der Größe des Backblechs zuschneiden, den Teig daraufgeben und sehr dünn ausrollen. Papier auf das Backblech ziehen und den Mixbehälter ausspülen.
3. Den Backofen auf 220 °C Ober-/Unterhitze (Umluft 200 °C) vorheizen.
4. Die Zucchini waschen, putzen und mit einem scharfen Messer oder einem Gemüsehobel längs in etwa 5 mm dicke Streifen schneiden.
5. Den Teig mit Olivenöl bepinseln, die saure Sahne darauf verstreichen und die Zucchinistreifen darauf verteilen.

6. Den Schafskäse in Würfel schneiden und zusammen mit den Walnusskernen auf dem Teig verteilen.
7. Flammkuchen im vorgeheizten Backofen 15 Minuten knusprig backen und dann mit Schnittlauch bestreut servieren.

Tipp: **Der Flammkuchen ist auch als Vorspeise für 4 Personen geeignet oder – in Quadrate geschnitten – als Fingerfood zum Aperitif.**

Gedämpfter Fisch mit Couscous und grünen Bohnen

Für 2 Portionen • Pro Portion: 352 kcal, 32 g E, 9 g F, 34 g KH

300 g weißes Fischfilet (z. B. Kabeljau oder Steinbeißer)
½ Zitrone
1 l Wasser
300 g grüne Bohnen
75 g Couscous
Salz, Pfeffer
1 Zweig Rosmarin
1 EL Olivenöl

1. Den Fisch trocken tupfen und in 2 Portionen schneiden. Die halbe Zitrone auspressen und den Fisch mit 1 EL Zitronensaft beträufeln. Zugedeckt etwas ziehen lassen. Wasser in den Mixbehälter füllen.
2. Die Bohnen putzen, waschen, in den Kocheinsatz geben und diesen einhängen.
3. Couscous in ein Sieb geben, kalt abbrausen und in den tiefen Dampfgareinsatz füllen.
4. Ein Stück Pergamentpapier für den flachen Dampfgareinsatz zurechtschneiden. Darauf achten, dass die seitlichen Schlitze frei bleiben, damit der Dampf zirkulieren kann. Den Fisch darauflegen, mit Salz und Pfeffer würzen und den Rosmarinzweig dazugeben.
5. Die Dampfgaraufsätze auf den Monsieur Cuisine setzen und das Ganze **20 Minuten/ Dampfgaren** dämpfen.
6. Dampfgaraufsätze abnehmen (Vorsicht, der Dampf ist sehr heiß!) und beiseitestellen.
7. Couscous mit den Bohnen in eine Schüssel geben und mit dem Olivenöl vermischen. Mit Salz und Pfeffer abschmecken.
8. Bohnen mit Couscous auf 2 Tellern anrichten, den Fisch daraufgeben und mit dem restlichen Zitronensaft beträufeln.

Info: Traditionell wird Couscous in seiner nordafrikanischen Heimat in einer Couscousière zubereitet. Dabei werden in einem Topf Gemüse und andere Zutaten gekocht und in einem Aufsatz darüber im Dampf der Couscous gegart. Das kann der Monsieur Cuisine auch, haben wir uns gedacht und dieses Rezept entworfen.

Mangold mit Zitronenöl

2 Portionen als Hauptgericht • Pro Portion: 192 kcal, 6 g E, 15 g F, 9 g KH

1 Staude Mangold (etwa 750 g)
1–2 Knoblauchzehen
250 ml Wasser
30 g Olivenöl
½ Zitrone
grobes Meersalz
Chiliflocken nach Belieben

1. Die Mangoldstaude in Blätter teilen, diese gründlich waschen und trocken schütteln. Die harten Rippen keilförmig herausschneiden und in 2 cm lange Streifen schneiden. In den tiefen Dampfgaraufsatz legen. Die Blätter grob hacken und in den flachen Dampfgaraufsatz geben.
2. Die Knoblauchzehen abziehen und in feine Scheibchen schneiden.
3. Wasser in den Mixbehälter füllen, die Dampfgaraufsätze aufsetzen, zudecken und den Mangold **17 Minuten/120 °C/Stufe 1** garen.
4. Die Dampfgaraufsätze abnehmen und beiseitestellen, den Mixbehälter ausleeren, abtrocknen und die Knoblauchscheiben im Olivenöl **Anbrat-Taste** anbraten. Zitrone auspressen, den Saft zum Knoblauch in den Mixbehälter geben und mit aufgesetztem Messbecher **5 Sekunden/Stufe 5** verquirlen.
5. Mangold in den Mixbehälter geben und alles **Linkslauf/15 Sekunden/Stufe 1** vermischen.
6. Mit Meersalz und – nach Belieben – Chiliflocken – bestreut servieren.

Tipp: Das Mangold-Gemüse passt wunderbar zu kurz gebratenem oder gegrilltem Fleisch als Beilage für 4 Portionen. Zusätzlich können Sie pro Portion 10 g Pinienkerne in einer beschichteten Pfanne ohne Fett rösten und darüberstreuen.

Info: Neben viel Eisen und Magnesium ist Mangold auch reich an Vitamin A und C. Manchmal gibt es das grüne Gemüse mit gelben oder roten Stielen: Das macht sich besonders gut in Salaten oder – wie hier – einfach gedünstet im Dampfgaraufsatz.

Amarettini-Cheesecake mit Sommerbeeren

Für 6 Portionen • Pro Portion: 427 kcal, 11 g E, 18 g F, 55 g KH

Für den Tortenboden:
200 g Amarettini
70 g Butter
30 g dunkle Schokolade
etwas Fett für die Form

Für den Belag:
1 Vanilleschote
½ Bio-Zitrone
400 g Quark (20 % Fett)
120 g Zucker
400 g Beeren
Puderzucker nach Belieben

1. Die Amarettini in den Mixbehälter geben und mit aufgesetztem Messbecher **10 Sekunden/Stufe 7** zerbröseln. Dann in eine Schüssel umfüllen.
2. Die Butter mit der Schokolade **3 Minuten/Stufe 1/70 °C** schmelzen. Die Amarettini-Brösel dazugeben und alles **6 Sekunden/Stufe 3** vermischen.
3. Eine Quiche- oder Springform (ca. 26 cm Durchmesser) dünn einfetten, den Teig darin gleichmäßig verteilen, etwas andrücken und einen kleinen Rand hochziehen. 45 Minuten im Kühlschrank kalt stellen.
4. Die Vanilleschote längs aufschlitzen und das Mark herauskratzen. Die Zitrone heiß waschen, 2 TL Schale abraspeln und den Saft der halben Frucht auspressen.

5. Quark, Zucker, Vanillemark, Zitronenschale und 1–2 EL Zitronensaft in den Mixbehälter geben, den Messbecher aufsetzen und alles **10 Sekunden/ Stufe 3** verrühren. Masse auf den Tortenboden streichen und – wenn möglich – nochmals 30 Minuten im Kühlschrank durchziehen lassen.
6. Vor dem Servieren die Beeren behutsam waschen, verlesen und bei Bedarf halbieren. Auf dem Quark verteilen, leicht andrücken und nach Belieben mit Puderzucker bestreuen.

Tipp: Für diesen Tortenboden ohne Backen können Sie alle möglichen anderen Kekse verwenden. Zum Beispiel Cantuccini, Löffelbiskuits oder Butterkekse. Wenn Sie jetzt schon an Weihnachten denken wollen: Spekulatius oder Lebkuchen machen sich gut unter Mandarinen und Weintrauben.

Baiser-Torte »Pavlova« mit Beeren

Für ca. 10 Portionen • Pro Portion: 258 kcal, 3 g E, 15 g F, 26 g KH

Salz
1 l Wasser
4 Eiweiße, Größe M
200 g Puderzucker
2 EL Stärkemehl
1 EL Weißweinessig
500 g gemischte Beeren
500 ml Sahne
Puderzucker und Minze nach Belieben

1. Den Backofen auf 100 °C Ober-/Unterhitze (Umluft 80 °C) vorheizen. Für das Eiweiß muss der Mixbehälter supersauber sein: 1 l Salzwasser in den Mixbehälter geben, den Rühraufsatz einsetzen und **15 Sekunden/Stufe 4** rühren. Den Mixbehälter ausleeren, aber nicht abtrocknen.
2. Die Eiweiße mit 1 Prise Salz in den Mixbehälter mit dem Rühraufsatz geben und **5 Minuten/Stufe 4/37 °C** sehr steif schlagen.
3. **7 Minuten/Stufe 3/37 °C** am Gerät einstellen und den Zucker nach und nach durch die Deckelöffnung einrieseln lassen. Gegen Ende das Stärkemehl und den Essig dazugeben und weiter schlagen, bis der Eischnee sehr, sehr fest und glänzend ist.
4. Auf einem mit Backpapier ausgelegten Blech mit dem Eischnee eine Schüssel formen und diese 90–120 Minuten im Ofen backen, bis der Eischnee ganz fest ist. Anschließend herausnehmen und abkühlen lassen.
5. Die Beeren waschen, gut abtropfen lassen und putzen oder verlesen.
6. Die Sahne in den Mixbehälter geben und auf **Stufe 3** steif schlagen. Dann auf der Torte verteilen. Die Beeren darübergeben und nach Belieben mit Puderzucker und Minzeblättchen bestreuen.

Pistazieneis mit Minze

Für 6 Portionen • Pro Portion: 403 kcal, 9 g E, 25 g F, 33 g KH

150 g ungesalzene Pistazien
150 g Zucker
50 g Minzeblätter + einige zum Garnieren
400 g Joghurt
200 g Sahne

1. 120 g Pistazien und Zucker in den Mixbehälter geben, Messbecher aufsetzen und **20 Sekunden/Stufe 10** zerkleinern.
2. Gewaschene Minzeblättchen und Joghurt dazugeben und **20 Sekunden/Stufe 9** zu einer cremigen Masse mixen. Diese in eine flache Form oder Eiswürfelbehälter füllen und 2 Stunden in das Gefrierfach stellen.
3. Die Sahne in den Mixbehälter geben, den Rühraufsatz einsetzen und Sahne auf **Stufe 3** schlagen, bis sie halb steif ist. Den Rühraufsatz entfernen. Die Pistazienmasse aus dem Gefrierfach dazugeben und **25 Sekunden/Stufe 8** untermixen.
4. Eis in gekühlte Dessertschalen füllen und mit den restlichen Pistazien und Minzeblättchen dekoriert servieren.

Schokotorte mit Beeren ohne Backen

Für 10 Portionen • Pro Portion: 399 kcal, 4 g E, 29 g F, 29 g KH

Für den Tortenboden:
300 g Schoko-Kekse (z. B. Oreo oder Schoko-Crossies)
75 g weiche Butter
30 g Zartbitterschokolade

Für die Füllung:
250 g Zartbitterschokolade
200 g Sahne
1 Päckchen Bourbon-Vanillezucker
200 g frische Beeren nach Belieben

1. Die Kekse in den Mixbehälter geben, Messbecher aufsetzen und **20 Sekunden/Stufe 5** zerbröseln. In eine Schüssel umfüllen. Butter und Schokolade in den Mixbehälter geben und **3 Minuten/Stufe 2/85 °C** schmelzen. Die Keksbrösel dazugeben und **20 Sekunden/Stufe 3** gut zu einem Teig verrühren.
2. Den Teig in eine Tarteform (23 cm) oder 10 Tarteletteförmchen (8 cm) drücken und dabei an den Rändern etwas hochziehen. 30 Minuten im Kühlschrank durchkühlen lassen.
3. Für die Füllung die Schokolade grob zerschneiden und mit der Sahne im Mixbehälter **3 Minuten/Stufe 1/90 °C** schmelzen. Den Vanillezucker **10 Sekunden/Stufe 2** unterrühren und die Masse abkühlen lassen.
4. Schokoladenmasse auf dem Teigboden verteilen und 1 Stunde im Kühlschrank hart werden lassen.
5. Die Beeren waschen, putzen oder verlesen, leicht auf die Schokoladenmasse drücken und das Ganze nochmals 30 Minuten durchkühlen lassen.

Tipp: Um die Torte besser aus der Form zu lösen, legen Sie 2 Streifen Backpapier über Kreuz unter den Tortenboden. So können Sie die Torte zum Schluss einfach herausheben.

Herbst

Wenn die Blätter an den Bäumen bunt werden, Kinder Kastanien sammeln und sich leuchtend orangefarbene Kürbisberge an den Straßenrändern türmen, dann ist der Herbst da. Das Wetter wird kühler, Drachen steigen auf und Vogelschwärme ziehen südwärts. Jetzt genießen wir noch den Spätsommer, freuen uns auf Halloween, am Martinstag ziehen dann Kinder mit ihren Laternen durch die Straßen, und bald schon zünden wir die erste Adventskerze an.

Für die Küche heißt das: ran an all die Früchte, die den ganzen Sommer über reifen konnten und nun geerntet werden. Die typischen Herbstfrüchte sind neben Kürbis verschiedene Kohl- und Salatsorten. Pfifferlinge und Steinpilze haben Saison, und Edelkastanien und Walnüsse gibt es frisch gepflückt.

Der herbstliche Obstkorb glänzt mit knackigen Äpfeln, saftigen Birnen und aromatischen Zwetschgen. Die Traubenernte ist voll im Gange, Preiselbeeren, Brombeeren und Holunder hängen an den Sträuchern und warten darauf, für den Winter eingekocht zu werden.

All das kann in vielen Varianten im Monsieur Cuisine zubereitet werden. Ob kleine Salate (auch zum Mitnehmen), kräftige Eintöpfe oder Geschmortes, die regionale Herbstküche ist vielfältig und gesund.

Kürbis-Brokkoli-Salat

Für 4 Portionen • Pro Portion: 246 kcal, 6 g E, 17 g F, 17 g KH

300 g Brokkoli
300 g Hokkaido- oder Butternut-Kürbis
50 g getrocknete Cranberrys
1 l Wasser
1 Orange
2 EL Olivenöl
Salz, Pfeffer
50 g Walnusskerne
30 g Rucola

1. Brokkoli waschen, putzen und in Röschen teilen. Stängel schälen und grob zerschneiden. Die Schale des Hokkaido-Kürbisses säubern), den Butternut-Kürbis dünn abschälen. Die Kerne entfernen und Fruchtfleisch in Würfel schneiden.
2. Die Brokkolistängel in den Mixbehälter geben, Messbecher aufsetzen und **4 Sekunden/Stufe 5** zerkleinern. In den Kocheinsatz geben und die Brokkoli-Röschen darauflegen. Kürbis und Cranberrys in den tiefen Gareinsatz geben.
3. Wasser in den Mixbehälter füllen, Kocheinsatz einhängen und Gareinsatz aufsetzen. Gemüse in **20 Minuten//Stufe 1/100 °C** weich garen.
4. In der Zwischenzeit die Orange auspressen und in einer großen Schüssel aus Orangensaft, Olivenöl, Salz und Pfeffer mit dem Schneebesen ein cremiges Dressing rühren.
5. Die Walnüsse hacken und in einer beschichteten Pfanne ohne Fett rösten. Rucola waschen, verlesen und mit Küchenkrepp trocken tupfen.
6. Brokkoli, Kürbis, Cranberrys und Rucola zum Dressing geben und behutsam vermischen. Salat auf 4 Teller verteilen und lauwarm mit den Walnüssen bestreut servieren.

Linsen-Radicchio-Salat

Für 4 Portionen • Pro Portion: 421 kcal, 22 g E, 26 g F, 29 g KH

2 Radicchio
35 ml Apfelessig
3 EL Olivenöl
2 Schalotten
250 g Tellerlinsen
1 l Wasser oder Gemüsebrühe
2 Stängel frische Minze
50 g Walnusskerne
100 g Schafskäse
Salz, Pfeffer

1. Den Radicchio putzen, waschen und grob hacken. Mit Essig und 2 EL Olivenöl in den Mixbehälter geben und mithilfe des Spatels **3 Sekunden/Stufe 4** zerkleinern. Dann in eine Salatschüssel umfüllen. Den Mixbehälter nicht spülen.
2. Schalotten abziehen, halbieren und mit dem restlichen EL Olivenöl in den Mixbehälter geben. Messbecher aufsetzen und Schalotten **4 Sekunden/Turbo-Taste** zerkleinern. Mit dem Spatel nach unten schieben und **4 Minuten/Stufe 1/120 °C** dünsten.
3. Die Linsen in ein Sieb geben, kalt abbrausen und mit dem Wasser in den Mixbehälter füllen. **Linkslauf/30 Minuten/Stufe 1/100 °C** weich kochen, anschließend durch ein Sieb abgießen, zu den anderen Zutaten in die Salatschüssel geben und vermischen.
4. Die Minze waschen und mit Küchenkrepp trocken tupfen. Die Blätter von den Stängeln zupfen und in Streifen schneiden.
5. Die Walnüsse hacken und nach Belieben in einer beschichteten Pfanne ohne Fett goldgelb rösten.
6. Den Schafskäse in Würfel schneiden.

7. Den Linsen-Radicchio-Salat mit Salz und Pfeffer abschmecken und Minze, Walnüsse und Schafskäse locker unterheben. 15 Minuten durchziehen lassen und lauwarm oder abgekühlt genießen.

Info: Tellerlinsen sind die bekanntesten und preiswertesten unter den zahlreichen Linsensorten. Einen feineren Geschmack und festeren Biss haben die schwarzen Belugalinsen (Kaviarlinsen) oder grüne Puy-Linsen aus Frankreich. Rote und gelbe Linsen, die wegen ihre kurzen Kochzeit als Beilagen beliebt sind, eignen sich weniger für Salate, da sie schnell musig werden.

Info: Radicchio, sprich: »radikkio«, ist bekannt für seinen Reichtum an Bitterstoffen, was man auch deutlich schmeckt. In Salaten kann man dem abhelfen, indem man dem Dressing etwas Zucker, Honig oder Sirup zufügt. Auch mit Obst, zum Beispiel Birnen oder Orangen, verträgt Radicchio sich gut.

Rotkohlsalat mit Möhren und Granatapfel

Für 4 Portionen • Pro Portion: 169 kcal, 3 g E, 11 g F, 14 g KH

1 Orange
1 Granatapfel
500 g Rotkohl
200 g Möhren
4 Stängel glatte Petersilie
3 EL Nuss- oder Avocadoöl
2 EL Apfelessig
½ TL gemahlener Zimt
Salz, Pfeffer

1. Die Orange auspressen. Den Granatapfel quer halbieren. Mit der Schnittfläche nach unten über eine Schüssel halten und zuerst mit der schmalen, dann mit der flachen Seite eines Kochlöffels kräftig auf die Schale klopfen, sodass die Kerne herausfallen. Mitherausgefallene Trennhäutchen entfernen.
2. Den Rotkohl in Blätter teilen, waschen und die harten Mittelrippen entfernen. Blätter grob hacken. Die Möhren schälen, putzen, waschen und grob in Stücke schneiden. Die Petersilie waschen, trocken schütteln und die Blätter von den Stängeln zupfen.
3. Rotkohl, Möhren und Petersilie in den Mixbehälter geben und mithilfe des Spatels **6–8 Sekunden/Stufe 5** zerkleinern.
4. Orangensaft, Öl, Essig, Zimt, Salz und Pfeffer dazugeben und **Linkslauf/7 Sekunden/Stufe 3** untermischen. Salat nochmals mit Salz und Pfeffer abschmecken, auf 4 Teller verteilen und mit den Grantapfelkernen bestreut servieren.

Tipp: Gut schmecken dazu auch Korinthen, die Sie im Orangensaft 15–20 Minuten einweichen und am Schluss über den Salat streuen.

Kürbis-Quitten-Suppe

Für 4 Portionen • Pro Portion: 218 kcal, 3 g E, 14 g F, 19 g KH

500 g Hokkaido-Kürbis
1 Quitte (ca. 250 g)
1 Zwiebel
2 EL Rapsöl
700 ml Gemüsebrühe
1 TL Paprikapulver, edelsüß oder rosenscharf
200 ml Apfelsaft
1 Stängel glatte Petersilie
Salz, Pfeffer
4 Walnusshälften

1. Die Kürbisschale mit einem feuchten Tuch säubern, denn sie wird mitverwendet. Die Kürbiskerne entfernen und das Fruchtfleisch grob würfeln. Die Quitte mit einem Schwammtuch reinigen und dabei den Flaum gründlich entfernen. Die Quitte vierteln, entkernen und ebenfalls grob würfeln.
2. Die Zwiebel abziehen und vierteln. Mit dem Öl in den Mixbehälter geben, Messbecher aufsetzen und Zwiebel **5 Sekunden/Turbo-Taste** zerkleinern. Mit dem Spatel nach unten schieben und **4 Minuten/Stufe 1/120 °C** dünsten. Kürbis- und Quittenwürfel dazugeben und weitere **2 Minuten/Stufe 2/120 °C** dünsten.
3. Die Gemüsebrühe angießen, Paprikapulver einstreuen und das Ganze **20 Minuten/Stufe 2/100 °C** zugedeckt kochen.
4. Den Apfelsaft dazugießen und die Suppe **1 Minute/Stufe 8** fein pürieren. Die Petersilie waschen, trocken tupfen und die Blätter vom Stängel zupfen.
5. Die Suppe mit Salz und Pfeffer abschmecken, nochmals **1–2 Minuten/Stufe 2/100 °C** aufkochen lassen. Auf 4 Teller verteilen und mit Petersilie und Walnusshälften garniert servieren.

Tipp: Weniger herb als mit Quitte können Sie die Suppe auch mit Mango zubereiten. Diese Variante ist schon in 15 Minuten gar.

Quinoasalat mit Roter Bete und Orangen

Für 4 Portionen • Pro Portion: 516 kcal, 14 g E, 27 g F, 54 g KH

250 g helle Quinoa
400 ml Wasser oder Gemüsebrühe
1 Zitrone
40 ml Olivenöl
Salz, Pfeffer
40 g Walnusshälften
2 Orangen
250 g Rote Bete (vorgekocht und vakuumiert)
100 g Schafskäse
40 g Rucola oder Petersilienblätter

1. Die Quinoa in ein Sieb geben und unter fließendem Wasser kalt abbrausen.
2. Wasser in den Mixbehälter füllen und in **6 Minuten/Rührstufe/100 °C** zum Kochen bringen. Quinoa dazugeben und **Linkslauf/15 Minuten/Stufe 1/75 °C** quellen lassen, bis nahezu alle Flüssigkeit aufgesogen ist.
3. Die Zitrone auspressen. Zitronensaft, Öl, Salz und Pfeffer zur Quinoa geben und **Linkslauf/5 Sekunden/Stufe 3** vermischen, im Topf durchziehen lassen.
4. Die Walnusshälften in einer beschichteten Pfanne ohne Fett rösten, bis sie duften.
5. Die Orangen schälen und möglichst viel von der weißen Haut entfernen. In Spalten teilen. (Geübte können die Filets mit einem kleinen, scharfen Messer aus den Trennhäutchen lösen.) Die Rote Bete in Scheiben oder Spalten schneiden.
6. Die Quinoa nochmals mit Salz und Pfeffer abschmecken, auf 4 Teller verteilen und mit Orangenspalten und Roter Bete belegen. Den Schafskäse darüberbröseln und Walnüsse darüberstreuen.
7. Rucola waschen, mit Küchenkrepp trocken tupfen und den Salat damit garnieren.

Tipp: Zu Salaten auf Getreide- oder Pseudogetreidebasis, also mit Quinoa, Amaranth, Buchweizen oder Couscous, können Sie ½ TL gemahlenen Zimt oder gleich Lebkuchengewürz dazugeben. Das gibt gerade an Regentagen garantiert ein angenehm wärmendes Aroma.

Info: Der rote Farbstoff der Roten Bete ist unschlagbar! Er verbessert die Zellatmung und fördert so die Leistungsfähigkeit. Außerdem wirkt er hohem Blutdruck entgegen, befreit die Gallengänge und macht die Haut schön. Das enthaltene Betain sorgt außerdem für gute Laune, da es den Serotoninspiegel, unser »Glückshormon«, steigern kann. Im September beginnt die Ernte und geht bis in den März hinein. Vorgekocht und vakuumiert wird die vitaminreiche Knolle das ganze Jahr über angeboten. Mit dem Monsieur Cuisine ist es aber ganz einfach, frische Bete zu kochen, was Sie mit einem unvergleichlich besserem Geschmack belohnt. Achtung nur beim Schälen: Die rote Farbe färbt Hände nachhaltig, deshalb empfiehlt es sich, Einmalhandschuhe zu verwenden.

Kürbissalat mit Kichererbsen

Für 4 Portionen • Pro Portion: 319 kcal, 12 g E, 18 g F, 25 g KH

1 kg Butternut-Kürbis
75 g frischer Spinat
1 l Wasser
1 Dose Kichererbsen (ca. 265 g Abtropfgewicht)
1 gehäufter TL gemahlener Kreuzkümmel oder Koriander
1 EL Rapsöl
40 g Kürbiskerne
1 Orange
2 EL Olivenöl
1 TL Honig
1 TL scharfer Senf
Salz, Pfeffer

1. Kürbis schälen und halbieren. Die Kerne mit einem Löffel entfernen und das Fruchtfleisch in Würfel schneiden. In den Kocheinsatz geben.
2. Spinat waschen, verlesen und abtropfen lassen. In etwa 1 cm breite Streifen schneiden und in den tiefen Dampfgaraufsatz legen.
3. Wasser in den Mixbehälter füllen, Kocheinsatz einhängen, Dampfgaraufsatz aufsetzen und Gemüse **20 Minuten/Dampfgaren** dämpfen.
4. In der Zwischenzeit die Kichererbsen durch ein Sieb abgießen, kalt abbrausen und abtropfen lassen.
5. Kreuzkümmel in einer beschichteten Pfanne mit dem Rapsöl vermischen und die Kürbiskerne darin unter Rühren rösten, dann beiseitestellen.
6. Die Orange auspressen. Orangensaft, Olivenöl, Honig, Senf, Salz und Pfeffer in einer Salatschüssel mit dem Schneebesen zu einem Dressing verrühren.

7. Den Dampfgaraufsatz abnehmen und beiseitestellen. Die Kürbiswürfel mit dem Dressing vermischen. Spinat und Kichererbsen unterheben und Salat nochmals mit Salz und Pfeffer abschmecken.
8. Mit den Kürbiskernen bestreut lauwarm oder abgekühlt servieren.

Tipp: Kichererbsen müssen nicht unbedingt aus der Dose oder dem Glas kommen. Weichen Sie einfach 150 g getrocknete Kichererbsen über Nacht in kaltem Wasser ein. Dann durch ein Sieb abgießen und mit 500 ml Wasser in den Mixbehälter geben. Etwa 1–1 ¼ Stunden bei **Linkslauf/Stufe 1/90 °C** weich kochen. Davon können Sie auch eine doppelte oder dreifache Portion auf Vorrat zubereiten und die nicht benötigte Menge einfrieren.

Zwiebelkuchen vom Blech

Für 12 Portionen • Pro Portion: 331 kcal, 11 g E, 19 g F, 30 g KH

250 g Quark (20 % Fett)
4 Eier, Größe M
65 ml Olivenöl
400 g Weizenmehl (Type 550) + etwas zum Bestäuben
2 TL Backpulver
Salz
750 g weiße Zwiebeln
500 ml Wasser
100 g Speckwürfel
300 ml saure Sahne
150 ml Milch
1–2 TL Kümmel
Pfeffer
etwas geriebene Muskatnuss
grober Pfeffer aus der Mühle

1. Quark, 2 Eier, 50 ml Olivenöl, Weizenmehl, Backpulver und 1 Prise Salz in den Mixbehälter geben, Messbecher aufsetzen und alles in **2 Minuten/Knetstufe** zu einem glatten Teig kneten.
2. Backpapier im Format des Backblechs zuschneiden, mit etwas Mehl bestäuben und den Teig daraufgeben. Dünn ausrollen und mit dem Backpapier auf das Blech ziehen. Den Mixbehälter spülen und abtrocknen.

3. Die Zwiebeln abziehen und vierteln. In 2 Portionen im Mixbehälter jeweils **4 Sekunden/Stufe 5** zerkleinern (Messbecher!), dann in den tiefen Dampfgaraufsatz geben. (Alternativ die Zwiebeln von Hand in Ringe schneiden.) Wasser in den Mixbehälter füllen, Dampfgaraufsatz aufsetzen und die Zwiebeln **15 Minuten/Stufe 1/120 °C** dämpfen. Dampfgaraufsatz abnehmen und beiseitestellen. Mixbehälter ausleeren und abtrocknen.
4. Den Backofen auf 180 °C Ober-/Unterhitze (Umluft 160 °C) vorheizen.
5. Während die Zwiebeln dämpfen, die Speckwürfel in einer beschichteten Pfanne im restlichen Öl knusprig braten.
6. Die restlichen beiden Eier, saure Sahne, Milch, Kümmel, Salz, Pfeffer und Muskatnuss in den Mixbehälter geben, Messbecher aufsetzen und **15 Sekunden/Stufe 4** verrühren. Die Masse auf dem Teig verstreichen und mit den vorgegarten Zwiebeln belegen. Den Speck drauf verteilen und mit grobem Pfeffer aus der Mühle bestreuen.
7. Zwiebelkuchen im Backofen in 50–60 Minuten goldgelb backen. Anschließend bei abgeschaltetem Backofen 5 Minuten ruhen lassen. Heiß, lauwarm oder kalt genießen.

Tipp: Wer will, kann auch noch ein paar schwarze, entsteinte Oliven 10 Minuten vor Ende der Backzeit auf dem Zwiebelkuchen verstreuen.

Kürbissuppe mit Kidneybohnen

Für 4 Portionen • Pro Portion: 153 kcal, 7 g E, 4 g F, 17 g KH

600 g Hokkaido-Kürbis
1 Zwiebel
½ TL gemahlener Zimt
800 ml Gemüsebrühe
250 g Fleischtomaten
1 kleine Dose Kidneybohnen (ca. 200 g Abtropfgewicht)
2 Stängel Dill
Salz, Pfeffer

1. Die Kürbisschale mit einem feuchten Tuch säubern, denn sie wird mitverwendet. Die Kürbiskerne entfernen und das Fruchtfleisch grob zerschneiden. Die Zwiebel abziehen und vierteln.
2. Die Zwiebel in den Mixbehälter geben, Messbecher aufsetzen und Zwiebel **5 Sekunden/Turbo-Taste** zerkleinern. Mit dem Spatel nach unten schieben, die Kürbisstücke dazugeben und **3 Sekunden/Stufe 4** zerkleinern.
3. Zimt und Gemüsebrühe in den Mixbehälter geben und alles **Linkslauf/ 12 Minuten/Stufe 1/100 °C** kochen.
4. In der Zwischenzeit die Tomaten waschen, vierteln, Stielansätze und Kerne entfernen und das Fruchtfleisch würfeln. Die Kidneybohnen in ein Sieb geben, kalt abbrausen und gut abtropfen lassen. Den Dill waschen, mit Küchenkrepp trocken tupfen, die Blätter von den Stängeln zupfen und fein hacken.
5. Tomaten und Kidneybohnen zur Suppe geben, mit dem Spatel unterheben und **Linkslauf/5 Minuten/Stufe 2/100 °C** erwärmen.
6. Suppe mit Salz und Pfeffer abschmecken, auf 4 Teller verteilen und mit Dill bestreut servieren.

Tipp: Mit ihrem süßlich-scharfen Aroma passen rosa Pfefferbeeren gut dazu. 1 TL davon im Mörser oder auf der Arbeitsfläche zerdrücken und mit den Kidneybohnen zur Suppe geben.

Sahnige Pilzsuppe

Für 4 Portionen • Pro Portion: 243 kcal, 5 g E, 23 g F, 4 g KH

500 g Pilze nach Marktlage (z. B. Pfifferlinge, Steinpilze, braune Champignons)
1 Zwiebel
1 Knoblauchzehe
1 EL Olivenöl
800 ml Gemüsebrühe
2 Stängel glatte Petersilie
1 EL Butter
Salz, Pfeffer
etwas Zitronensaft
150 ml Schlagsahne oder Crème fraîche

1. Pilze behutsam putzen und mit Küchenkrepp abreiben. Einige schöne Exemplare zum Garnieren beiseitelegen.
2. Die Zwiebel abziehen und vierteln. Knoblauchzehe schälen. Beides mit dem Öl in den Mixbehälter geben, Messbecher aufsetzen und Gemüse **5 Sekunden/Turbo-Taste** zerkleinern. Mit dem Spatel nach unten schieben und **4 Minuten/Stufe 1/120 °C** dünsten.
3. Pilze mit der Gemüsebrühe dazugeben und **16 Minuten/Stufe 1/100 °C** weich kochen. Kocheinsatz dabei als Spritzschutz aufsetzen.
4. In der Zwischenzeit die Petersilie waschen, mit Küchenkrepp trocken tupfen, die Blätter von den Stängeln zupfen und hacken.
5. Butter in einer beschichteten Pfanne stark erhitzen und die beiseitegelegten Pilze darin kräftig anbraten.
6. Die Suppe **15 Sekunden/Stufe 7** nicht zu fein pürieren und mit Salz, Pfeffer und Zitronensaft pikant abschmecken. Die Sahne mit dem Spatel einrühren und das Ganze nochmals **2 Minuten/Stufe 2/100 °C** erwärmen.
7. Suppe auf 4 Teller verteilen, die gebratenen Pilze in die Mitte setzen und Petersilie darüberstreuen.

Tipp: Für ein stärkeres Pilzaroma können Sie 15 g getrocknete Pilze (Steinpilze oder Pilzmischung) in 250 ml kochendem Wasser einweichen. Dann zusammen mit den frischen Pilzen in den Mixbehälter geben und mit nur noch 550 ml Gemüsebrühe aufgießen.

Süßkartoffelsuppe

Für 4 Portionen • Pro Portion: 362 kcal, 6 g E, 22 g F, 34 g KH

1 Zwiebel
2 Knoblauchzehen
1 Stück Ingwer (etwa walnussgroß)
500 g Süßkartoffeln
2 EL Rapsöl
1 getrocknete rote Chilischote
1 Sternanis nach Belieben
½ TL gemahlener Zimt
700 ml Gemüsebrühe
1 kleine Dose Kokosmilch (ca. 200 ml)
Salz, Pfeffer
1–2 EL Zitronensaft
2 EL Kürbiskerne oder Sesamsaat

1. Die Zwiebel abziehen und vierteln. Die Knoblauchzehen und den Ingwer schälen. Die Süßkartoffeln schälen, waschen und grob würfeln.
2. Zwiebel, Knoblauch und Ingwer in den Mixbehälter geben, Messbecher aufsetzen und Gemüse **4 Sekunden/Turbo-Taste** zerkleinern. Mit dem Spatel nach unten schieben und den Vorgang wiederholen. Das Öl dazugeben und Gemüse **3 Minuten/Stufe 1/120 °C** dünsten.
3. Süßkartoffeln, Chilischote, Sternanis und Zimt dazugeben, die Brühe angießen und das Ganze zugedeckt **Linkslauf/15 Minuten/Stufe 2/100 °C** weich kochen.
4. Chilischote und Sternanis entfernen und die Suppe **60 Sekunden/Stufe 7–8** ansteigend fein pürieren.
5. Die Kokosmilch mit dem Spatel einrühren und die Suppe mit Salz, Pfeffer und Zitronensaft abschmecken. Nochmals **2 Minuten/Stufe 2/100 °C** erhitzen, auf 4 Teller verteilen und mit Kürbiskernen oder Sesamsaat bestreut servieren.

Tipp: Kürbiskerne oder Sesamsaat können Sie zuvor in einer beschichteten Pfanne ohne Fett rösten – das hebt ihr Aroma. Auch rote Beeren oder Thymian auf der Suppe sorgen für Abwechslung.

Brokkolisuppe mit Kürbiskernöl

Für 4 Portionen • Pro Portion: 196 kcal, 7 g E, 15 g F, 7 g KH

2 Zwiebeln
1 Knoblauchzehe
1 EL Rapsöl
500 g Brokkoli
750 g Gemüsebrühe
5 Stängel Basilikum
40 g Frischkäse
Salz, Pfeffer
4 TL Kürbiskernöl

1. Die Zwiebeln abziehen und vierteln. Die Knoblauchzehe schälen. Beides mit dem Rapsöl in den Mixbehälter geben und mit aufgesetztem Messbecher **5 Sekunden/Turbo-Taste** zerkleinern. Mit dem Spatel nach unten schieben und **4 Minute/Stufe 1/120 °C** dünsten.
2. Den Brokkoli putzen, waschen und in Röschen teilen. Die Stiele – wenn nötig – schälen und grob zerschneiden. Einige kleine Röschen in den tiefen Dampfgasraufsatz legen.
3. Brokkoli und Gemüsebrühe in den Mixbehälter geben, den Dampfgaraufsatz aufsetzen und das Ganze **20 Minuten/Stufe 2/120 °C** garen.
4. In der Zwischenzeit Basilikum waschen, trocken schütteln und die Blätter von den Stängeln zupfen.
5. Den Dampfgaraufsatz abnehmen und beiseitestellen. ⅔ des Basilikums und den Frischkäse in den Mixbehälter geben und die Suppe **25 Sekunden/Stufe 7** nicht zu fein pürieren.
6. Mit Salz und Pfeffer abschmecken. Die Brokkoliröschen auf 4 Teller verteilen, die Suppe darüberschöpfen, mit den restlichen Basilikumblättern bestreuen und mit Kürbiskernöl beträufeln.

Tipp: Wenn Ihnen der Geschmack von Kürbiskernöl nicht zusagt, versuchen Sie es mal mit Leinöl oder Walnussöl. Beide gibt es im Handel auch in kleinen Mengen (ca. 200 ml) zu kaufen.

Auberginencurry

Für 4 Portionen • Pro Portion: 274 Kcal, 7 g E, 19 g F, 18 g KH

400 g Auberginen
Salz
½–1 rote Chilischote
2 Knoblauchzehen
1 Zwiebel
1 EL Rapsöl
250 g Kürbis (Hokkaido oder Butternut)
1 Dose Kokosmilch (ca. 400 ml)
1 EL Madras-Currypulver oder 2 TL Currypaste (Asialaden)
300 ml Wasser
5 Stängel Koriander (ersatzweise Petersilie)
1 kleine Dose Kichererbsen (ca. 220 g Abtropfgewicht)
Pfeffer

1. Die Auberginen waschen, putzen und in etwa 1 ½ cm große Würfel schneiden. Diese in eine Schüssel geben, salzen und zugedeckt stehen lassen. Die Chilischote waschen, längs aufschlitzen und die Kerne entfernen. Die Knoblauchzehen schälen. Die Zwiebel abziehen und vierteln. Chili, Knoblauch und Zwiebel mit dem Öl in den Mixbehälter geben und mit aufgesetztem Messbecher **5 Sekunden/Turbo-Taste** zerkleinern. Mit dem Spatel nach unten schieben und **4 Minuten/Stufe 1/120 °C** dünsten.
2. Hokkaido-Kürbis waschen (die Schale wird mitverwendet), Butternut-Kürbis dünn abschälen. Kürbiskerne entfernen und Fruchtfleisch in Würfel schneiden.
3. Auberginenwürfel ausdrücken. Mit den Kürbiswürfeln, Kokosmilch, Curry und Wasser in den Mixbehälter geben und **Linkslauf/15 Minuten/Stufe 2/100 °C** weich kochen.

4. In der Zwischenzeit den Koriander waschen, trocken schütteln und die Blätter von den Stängeln zupfen. Die Kichererbsen durch ein Sieb abgießen und abtropfen lassen.
5. Die Kichererbsen in den Eintopf geben und **Linkslauf/5 Minuten/Stufe 2/ 100 °C** erhitzen. Eintopf mit Salz und Pfeffer abschmecken.
6. Auf 4 tiefe Teller oder Schalen verteilen und mit dem Koriander bestreut servieren.

Tipp: Zu diesem indisch inspirierten Gericht können Sie stilecht Pita-Brot essen oder mit Schwarzkümmel gewürztes Fladenbrot aus türkischen Lebensmittelgeschäften.

Tipp: Auberginen gibt es bis Ende Oktober auch aus regionalem Anbau. Diese sind besonders frisch, haben eine schöne glatte Schale und einen matten Glanz – darauf sollten Sie beim Einkauf achten. Früher hat man die geschnittenen Auberginen eingesalzen und ruhen lassen, um ihnen die Bitterstoffe zu entziehen. Diese sind heute aber weitgehend weggezüchtet. Noch vorhanden ist aber das bittere und giftige Solanin. Deshalb nie roh essen! Man lässt die Auberginen nur noch in Salz ziehen, um sie zu entwässern – was man bei Eintöpfen nicht unbedingt tun muss.

Grünkohleintopf mit Perlgraupen

Für 4 Portionen • Pro Portion: 339 kcal, 11 g E, 13 g F, 45 g KH

300 g Grünkohl
200 g Petersilienwurzel
1 Zwiebel
1 Knoblauchzehe
1 EL Rapsöl
1 l Gemüsebrühe
200 g Perlgraupen
1 Lorbeerblatt
3 Wacholderbeeren
1 TL Zucker
50 ml saure Sahne oder Schmand
Salz, Pfeffer (nach Belieben Cayennepfeffer)
etwas Zitronensaft nach Belieben

1. Den Grünkohl in Blätter teilen, gründlich waschen, eventuell die harten Rippen herausschneiden und die Blätter grob hacken oder in Stücke zupfen. In den tiefen Dampfgaraufsatz legen.
2. Die Petersilienwurzel schälen, putzen und grob in Stücke schneiden. Die Zwiebel abziehen und vierteln, Knoblauchzehe schälen. Alles mit dem Rapsöl in den Mixbehälter geben, Messbecher aufsetzen und Gemüse **6 Sekunden/Stufe 5** zerkleinern. Mit dem Spatel nach unten schieben und **4 Minuten/Stufe 1/120 °C** dünsten.
3. Die Gemüsebrühe dazugießen und alles **40 Sekunden/Stufe 8** fein pürieren. (Messbecher!)

4. Die Perlgraupen in ein Sieb geben, unter fließend kaltem Wasser abbrausen und mit Lorbeerblatt, Wacholderbeeren und Zucker in den Topf geben.
5. Den Dampfgaraufsatz mit dem Grünkohl aufsetzen und das Ganze **Linkslauf/40 Minuten/Stufe 2/120 °C** garen.
6. Den Dampfgaraufsatz abnehmen und beiseitestellen. Saure Sahne **Linkslauf/5 Sekunden/Stufe 4** einrühren und die Suppe mit Salz, Pfeffer und nach Belieben mit Zitronensaft abschmecken. Das Lorbeerblatt entfernen.
7. Den Grünkohl auf 4 Teller verteilen und die Graupensuppe darüberschöpfen.

Süßkartoffel-Hackfleisch-Eintopf

Für 6 Portionen • Pro Portion: 369 kcal, 17 g E, 16 g F, 36 g KH

60 g Parmesan oder Grana Padano
2 Knoblauchzehen
2 Stängel glatte Petersilie
150 g Petersilienwurzel
2 EL Olivenöl
200 g Rinderhackfleisch oder gemischtes Hackfleisch
750 ml Gemüse- oder Fleischbrühe
300 g frischer Spinat
250 g Süßkartoffeln
200 g Hörnchen oder andere Teigwaren
Salz, Pfeffer

1. Den Parmesan in Stücke schneiden, in den Mixbehälter geben, Messbecher aufsetzen und Käse **10 Sekunden/Stufe 8** reiben. In eine Schüssel umfüllen und beiseitestellen.
2. Die Knoblauchzehen schälen. Petersilie waschen, mit Küchenkrepp trocken tupfen und die Blätter von den Stängeln zupfen. Petersilienwurzel schälen, putzen, waschen und grob in Stücke schneiden.
3. Knoblauch, Petersilie und Petersilienwurzel mit dem Öl in den Mixbehälter geben, Messbecher aufsetzen und Gemüse **6 Sekunden/Stufe 5** zerkleinern. Das Hackfleisch mit einer Gabel zerpflücken, dazugeben und alles zusammen **Linkslauf/4 Minuten/Stufe 1/120 °C** dünsten.
4. Die Brühe angießen und alles **Linkslauf/15 Minuten/Stufe 2/100 °C** kochen. Kocheinsatz dabei als Spritzschutz aufsetzen!
5. In der Zwischenzeit den Spinat waschen, verlesen und harte Stiele entfernen. Kleine Blätter ganz lassen, größere grob hacken. Süßkartoffeln schälen, waschen und in mundgerechte Würfel schneiden.
6. Süßkartoffeln und Hörnchen zur Suppe geben. Die Hälfte des Spinats in den Topf geben und mit dem Spatel unterheben. **Linkslauf/7 Minuten/Stufe 3/100 °C** einstellen und nach 2 Minuten den restlichen Spinat durch die Deckelöffnung dazugeben und mithilfe des Spatels unterheben.
7. Teigwaren probieren und den Eintopf gegebenenfalls noch 1–2 Minuten länger kochen.
8. Mit Salz und Pfeffer abschmecken, auf 6 Teller verteilen und den Parmesan getrennt dazu reichen.

Tipp: Nach Belieben können Sie statt der Süßkartoffel die Suppe auch mal mit Kürbis zubereiten oder 1–2 Möhren verwenden. Diese kommen bereits mit der Brühe in den Mixbehälter, da sie länger kochen müssen.

Kichererbseneintopf mit Maronen

Für 4 Portionen • Pro Portion: 340 kcal, 10 g E, 19 g F, 33 g KH

1 Zwiebel
2 Knoblauchzehen
150 g Staudensellerie
2 EL Olivenöl
2 EL Tomatenmark
2 Zweige Rosmarin
400 g Tomaten
700 ml Gemüsebrühe
1 Dose Kichererbsen (ca. 265 g Abtropfgewicht)
200 g Maronen (vorgekocht und vakuumiert)
200 g braune oder weiße Champignons

1. Zwiebel abziehen und vierteln. Knoblauchzehen schälen. Staudensellerie waschen, putzen und grob in Stücke schneiden.
2. Zwiebel, Knoblauch und Sellerie in den Mixbehälter geben, Messbecher aufsetzen und Gemüse **6 Sekunden/Stufe 5** zerkleinern. Mit dem Spatel nach unten schieben, 1 EL Öl dazugeben und Gemüse **3 Minuten/Stufe 1/120 °C** dünsten. Das Tomatenmark zufügen und weitere **2 Minuten/Stufe 2/ 120 °C** dünsten.
3. Den Rosmarin waschen und trocken schütteln. Einige Büschel zum Garnieren beiseitelegen.
4. Die Tomaten waschen, halbieren, Stielansätze und Kerne entfernen. Fruchtfleisch grob zerschneiden und mit der Gemüsebrühe und dem Rosmarinzweig in den Mixbehälter geben. **Linkslauf/15 Minuten/Stufe 2/100 °C** kochen lassen.
5. Die Kichererbsen durch ein Sieb abgießen und abbrausen. Die Maronen aus der Packung nehmen und halbieren oder vierteln.
6. Kichererbsen und Maronen in den Mixbehälter geben und alles zusammen **Linkslauf/10 Minuten/Stufe 2/95 °C** fertig kochen.
7. Währenddessen die Champignons mit Küchenkrepp säubern und in etwa 1 cm große Würfel schneiden. Im restlichen Öl in einer beschichteten Pfanne glasig braten und auf 4 Teller verteilen.
8. Den Rosmarinzweig entfernen. Eintopf mit Salz und Pfeffer abschmecken und über die Pilze schöpfen. Mit Rosmarin garniert servieren.

Tipp: Wenn Sie frische Maronen verwenden wollen, brauchen Sie etwa 300 g. Um sie zu schälen, Maronen an der bauchigen Seite kreuzweise mit einem scharfen Messer einritzen. In den Kocheinsatz legen, mit etwa 1 ½ l Salzwasser bedecken und **Linkslauf/25 Minuten/Rührstufe/100 °C** garen. Abgießen, abkühlen lassen und schälen.

Scharfe Kidneybohnen mit Wirsing

Für 4 Portionen • Pro Portion: 271 kcal, 13 g E, 14 g F, 24 g KH

1 grüne Paprikaschote
150 g Staudensellerie
150 g Möhren
1 kleine Zwiebel
1–2 Knoblauchzehen
2 EL Olivenöl
250 g Wirsing
800 ml Gemüsebrühe
1 rote Chilischote
1 kleine Dose Kichererbsen (ca. 220 g Abtropfgewicht)
1 Dose Kidneybohnen (ca. 250 g Abtropfgewicht)
Salz, Pfeffer
etwas Balsamessig

1. Die Paprikaschote waschen, putzen und in Streifen schneiden. Staudensellerie und Möhren putzen, waschen bzw. schälen und grob zerschneiden. Die Zwiebel abziehen und vierteln. Die Knoblauchzehen schälen.
2. Zwiebel, Knoblauch, Sellerie und Möhren in den Mixbehälter geben, Messbecher aufsetzen und Gemüse **7 Sekunden/Stufe 5** zerkleinern. Mit dem Spatel nach unten schieben, das Öl dazugeben und alles **4 Minuten/Stufe 1/ 120 °C** dünsten.
3. Den Wirsing unter fließendem Wasser gründlich waschen, die harten Mittelrippen eventuell entfernen und die Blätter etwas zerpflücken.
4. Wirsing, Paprika, Gemüsebrühe und gewaschene Chilischote in den Mixbehälter geben und **Linkslauf/15 Minuten/Stufe 2/100 °C** kochen. Kocheinsatz dabei als Spritzschutz aufsetzen. (Wenn Sie gern sehr scharf essen: die Chilischote zuvor aufschlitzen.)

5. Kichererbsen und Kidneybohnen in ein Sieb geben, abbrausen und abtropfen lassen. In den Mixbehälter geben, mit dem Spatel unterrühren und **Linkslauf/5 Minuten/Stufe 2/100 °C** erwärmen.
6. Chilischote entfernen, Eintopf mit Salz, Pfeffer und Essig abschmecken und auf 4 Teller verteilen.

Tipp 1: Ein schönes Aroma geben hier auch getrocknete Pilze. Zum Beispiel 25 g Mischpilze 15 Minuten in 150 ml lauwarmem Wasser einweichen und unter Punkt 4 mit dem Einweichwasser in den Mixbehälter geben. Sie benötigen dann nur 650 ml Gemüsebrühe.

Tipp 2: Nichtveganer können das Gericht auch mit 15 g Parmesan pro Portion bestreuen, den Sie zuvor im Mixbehälter **10 Sekunden/Stufe 8** gerieben haben.

Rigatoni mit Kürbissauce

Für 4 Portionen • Pro Portion: 490 kcal, 16 g E, 18 g F, 64 g KH

40 g Parmesan oder Grana Padano
1 kleine Zwiebel
4 Zweige Thymian oder Majoran
800 g Kürbis (z. B. Butternut-, Muskat- oder Hokkaido-Kürbis)
1 EL Rapsöl
320 g Rigatoni
100 ml Sahne
1 TL Madras-Currypulver
600 ml Gemüsebrühe
Salz, Pfeffer

1. Den Parmesan in Stücke brechen, in den Mixbehälter geben, Messbecher aufsetzen und Käse **10 Sekunden/Stufe 8** reiben. In eine Schüssel umfüllen.
2. Die Zwiebel abziehen und vierteln. Thymian waschen, mit Küchenkrepp trocken tupfen und die Blättchen gegen die Wuchsrichtung von den Stängeln zupfen. Das Kürbisstück schälen (außer Sie verwenden Hokkaido, dann waschen), die Kerne entfernen und das Fruchtfleisch grob würfeln.
3. Zwiebel und Thymian mit dem Öl in den Mixbehälter geben und mit aufgesetztem Messbecher **5 Sekunden/Turbo-Taste** zerkleinern. Mit dem Spatel nach unten schieben und **3 Minuten/Stufe 1/120 °C** dünsten.
4. Den Kürbis in den Mixbehälter geben und **7 Sekunden/Stufe 4** zerkleinern. (Messbecher!) Mit dem Spatel nach unten schieben und nochmals **4–6 Sekunden/Stufe 5** zerkleinern. Die Stücke sollen höchstens 1 cm groß sein.

5. Rigatoni, Sahne, Currypulver und Gemüsebrühe in den Mixbehälter geben und alles zusammen **Linkslauf/23 Minuten/Stufe 1/100 °C** zugedeckt kochen.
6. Den Eintopf mit Salz und Pfeffer abschmecken, auf 4 Teller verteilen und mit Parmesan bestreut servieren.

Info: Sie können dafür auch andere Teigwaren in Röhrchenform verwenden, etwa Makkaroni, Penne rigate oder Tortiglioni, die es von verschiedenen Herstellern gibt. Hauptsache, die leckere Kürbissauce kann gut hineinschlüpfen. Die Kochzeit auf der Packung müssen Sie eventuell um 2–3 Minuten verlängern, da die Teigwaren nicht komplett in der Flüssigkeit schwimmen. Also vor dem Servieren unbedingt probieren!

Kürbis-»Risotto« mit Graupen

Für 4 Portionen • Pro Portion: 404 kcal, 12 g E, 17 g F, 52 g KH

40 g Parmesan
800 g Hokkaido-Kürbis
1 kleine Zwiebel
2 Knoblauchzehen
1 EL Rapsöl
250 g Graupen
600 ml Gemüsebrühe
etwas geriebene Muskatnuss
2 Stängel glatte Petersilie
30 g Butter
Salz, Pfeffer

1. Den Parmesan in Stücke brechen, in den Mixbehälter geben, Messbecher aufsetzen und Käse **10 Sekunden/Stufe 8** reiben. In eine Schüssel umfüllen und beiseitestellen.
2. Den Kürbis waschen (die Schale wird mitverwendet), entkernen und grob in Stücke schneiden. Etwa 50 g Kürbis in ½ cm große Würfel schneiden und in den tiefen Dampfgaraufsatz legen. Die Zwiebel abziehen und vierteln. Den Knoblauch schälen.
3. Den grob zerteilten Kürbis in den Mixbehälter geben und **4 Sekunden/Stufe 5** zerkleinern. In eine Schüssel umfüllen. Den Mixbehälter nicht säubern.
4. Zwiebel und Knoblauch in den Mixbehälter geben und mit aufgesetztem Messbecher **5 Sekunden/Turbo-Taste** zerkleinern. Mit dem Spatel nach unten schieben, das Öl angießen und Gemüse **4 Minuten/Stufe 1/120 °C** dünsten.
5. Die Graupen in ein Sieb geben, mit lauwarmem Wasser abbrausen, abtropfen lassen und in den Mixbehälter geben. **Linkslauf/3 Minuten/Stufe 1/100 °C** dünsten. Mit 150 ml Brühe ablöschen und **Linkslauf/4 Minuten/Stufe 2/100 °C** vorgaren.
6. Die restliche Brühe und den Kürbis dazugeben, mit Muskatnuss würzen, den Dampfgaraufsatz mit den Kürbiswürfeln aufsetzen und alles zusammen **Linkslauf/20 Minuten/Stufe 1/100 °C** garen, bis nahezu alle Flüssigkeit aufgesogen ist.
7. Die Petersilie waschen und mit Küchenkrepp trocken tupfen. Die Blätter von den Stängeln zupfen und hacken.
8. Den Dampfgaraufsatz beiseitestellen. Butter und Parmesan mit dem Spatel unter die Kürbis-Graupen mischen und alles 1 Minute im Topf quellen lassen. Mit Salz und Pfeffer abschmecken. Kürbiswürfel aus dem Dampfgaraufsatz dazugeben und **Linkslauf/10 Sekunden/Stufe 2** vermischen.
9. Kürbis-»Risotto« auf 4 Teller verteilen und mit der gehackten Petersilie bestreut servieren.

Tipp: Wer sich vegan ernährt, kann den Parmesan durch 25 g gemahlene Walnusskerne oder Haselnüsse ersetzen. Der Risotto wird dann zwar nicht so cremig, bekommt aber ein leicht nussiges Aroma.

Putengulasch mit Pilzen

Für 4 Portionen • Pro Portion: 228 kcal, 43 g E, 4 g F, 4 g KH

20 g getrocknete gemischte Pilze
100 ml lauwarmes Wasser
2 Zwiebeln
2 Knoblauchzehen
2 EL Rapsöl
600 g Putenbrust
150 ml Gemüse- oder Geflügelbrühe
2 Lorbeerblätter
1 TL getrockneter Thymian
300 g frische Pilze (je nach Marktlage z. B. Steinpilze, Kräuterseitlinge oder Herbsttrompeten)
½ Bio-Zitrone
2 Stängel glatte Petersilie
Salz, Pfeffer

1. Getrocknete Pilze grob hacken oder zerbröseln und in einer Schüssel mit lauwarmem Wasser einweichen.
2. Die Zwiebeln abziehen und vierteln. Die Knoblauchzehen schälen. Beides in den Mixbehälter geben und mit aufgesetztem Messbecher **5 Sekunden/Turbo-Taste** zerkleinern. Mit dem Spatel nach unten schieben, das Öl dazugeben und Gemüse **4 Minuten/Stufe 1/120 °C** dünsten.
3. Die Putenbrust in mundgerechte Würfel schneiden, zu den Zwiebeln in den Mixbehälter geben und **mit Anbrattaste** schmoren.
4. Brühe, Pilze mit Einweichwasser, Lorbeerblätter und Thymian dazugeben und alles zugedeckt **Linkslauf/20 Minuten/Stufe 1/100 °C** garen.

5. In der Zwischenzeit die frischen Pilze putzen und mit einer weichen Bürste oder Küchenkrepp reinigen. In etwa 2 cm große Stücke schneiden oder brechen.
6. Die Pilze mit dem Spatel unter das Fleisch heben und alles zusammen weitere **Linkslauf/8 Minuten/Stufe 1/100 °C** garen.
7. Die Zitrone waschen und 1–2 TL Schale abraspeln. Den Saft auspressen. Die Petersilie waschen, trocken schütteln, die Blätter von den Stängeln zupfen und hacken. Petersilie mit der Zitronenschale vermischen.
8. Die Lorbeerblätter nach Möglichkeit herausfischen. Gulasch mit Salz, Pfeffer und Zitronensaft abschmecken. Auf 4 Teller verteilen und mit Petersilie-Zitronen-Gemisch bestreut servieren.

Tipp: Dazu können Sie einfach frisches Brot oder Brötchen essen. Gut schmecken auch Bandnudeln, die während der Kochzeit auf dem Herd zubereitet werden.

Zucchini-Auberginen-Eintopf mit Hackfleisch

Für 4 Portionen • Pro Portion: 431 kcal, 26 g E, 31 g F, 13 g KH

400 g Auberginen
Salz
300 g Zucchini
1 gelbe Paprikaschote
1 Zwiebel
2 Knoblauchzehen
400 g Rinderhackfleisch
3 EL Olivenöl
400 g Tomaten (oder 1 Dose stückige Tomaten)
500 ml Gemüsebrühe
1 EL getrockneter Oregano oder Majoran
1 EL Paprikapulver, rosenscharf oder edelsüß
Pfeffer

1. Die Auberginen waschen, putzen und in etwa 2 cm große Würfel schneiden. Mit 1 TL Salz vermischen und 20 Minuten ziehen lassen, damit sie überschüssiges Wasser verlieren. Zucchini waschen, putzen und in 1 ½ cm dicke Scheiben schneiden. Die Paprikaschote waschen, putzen und grob zerschneiden.
2. Die Zwiebel abziehen und vierteln. Die Knoblauchzehen schälen. Beides mit dem Olivenöl in den Mixbehälter geben, Messbecher aufsetzen und Gemüse **5 Sekunden/Turbo-Taste** zerkleinern. Paprikastücke dazugeben und **3 Sekunden/Stufe 4** zerkleinern. Das Hackfleisch mit einer Gabel zerpflücken und dazugeben. **Linkslauf/15 Minuten/Stufe 1/100 °C** dünsten.
3. Die Tomaten waschen, halbieren, Stielansätze und Kerne entfernen und das Fruchtfleisch grob zerschneiden. Die Auberginen ausdrücken. Beides zusammen mit den Zucchini in den Mixbehälter geben, die Brühe angießen und mit Oregano und Paprikapulver würzen.
4. Eintopf **Linkslauf/20 Minuten/Stufe 1/90 °C** schmoren. Mit Salz und Pfeffer abschmecken und auf 4 tiefe Teller verteilen.

Tipp 1: Reichen Sie getrennt dazu frisches Brot und 150 ml gesalzene saure Sahne, die Sie – ganz orientalisch – mit etwas Harissa und Chiliöl würzen können.

Tipp 2: Sehr geeignet für dieses Rezept ist auch Hackfleisch vom Lamm – Sie bekommen es in türkischen Läden.

Pfifferling-Quiche

Für 6 Portionen • Pro Portion: 463 kcal, 13 g E, 34 g F, 28 g KH

200 g Weizenmehl (Type 550) + etwas für die Arbeitsfläche
100 g kalte Butter + etwas für die Form
4 Eier, Größe M
½ TL Salz
300 g frische Pfifferlinge
1 Zwiebel
2 Stängel Dill
1 EL Olivenöl
150 ml Schlagsahne
200 g Ziegenfrischkäse

1. Für den Teig Mehl, Butter in Flocken, 1 Ei und Salz in den Mixbehälter geben und **30 Sekunden/Knetstufe** zu einem krümeligen Teig verarbeiten. Teig auf die bemehlte Arbeitsfläche kippen und mit den Händen einen flachen Fladen daraus formen. In Frischhaltefolie gewickelt 1 Stunde im Kühlschrank ruhen lassen.
2. Die Pfifferlinge mit einem Pinsel oder einer weichen Bürste putzen. Größere Pilze halbieren. Die Zwiebel abziehen und vierteln. Dill waschen, mit Küchenkrepp trocken tupfen und die Blätter von den Stängeln zupfen.
3. Den Backofen auf 160 °C Ober-/Unterhitze (Umluft 140 °C) vorheizen.
4. Die Arbeitsfläche erneut mit Mehl bestäuben und den Teig etwa 3 mm dünn ausrollen. Eine gefettete Quicheform (ca. 27 cm Durchmesser) damit auskleiden und einen ca. 1 ½ cm hohen Rand hochziehen. Den Teig mit einer Gabel mehrmals im Abstand von 5 cm einstechen.
5. Zwiebel mit Olivenöl in den Mixbehälter geben, Messbecher aufsetzen und Zwiebel **5 Sekunden/Turbo-Taste** zerkleinern. Mit dem Spatel nach unten schieben und **4 Minuten/Stufe 1/120 °C** dünsten. Auf dem Teig verteilen und die Pfifferlinge daraufgeben. Mixbehälter nicht spülen.

6. Dill, Sahne, Ziegenfrischkäse und die restlichen Eier in den Mixbehälter geben und **10 Sekunden/Stufe 3** glatt rühren, dann über die Pfifferlinge gießen.
7. Quiche auf der 2. Schiene von unten im Ofen 20–25 Minuten backen, bis die Eiersahne gestockt und der Teigrand goldgelb ist.

Tipp: Sie können den Teig auch auf 6 kleine Quicheformen (ca. 12 cm Durchmesser) verteilen. Die Backzeit verringert sich dann um etwa 5 Minuten.

Zwetschgenfleck

Für 16 Portionen • Pro Portion: 233 kcal, 5 g E, 11 g F, 30 g KH

250 g Weizenmehl (Type 550)
60 g Zucker
20 g Hefe
2 Eier, Größe M
125 ml Milch
80 g weiche Butter
1 TL abgeriebene Schale einer Bio-Zitrone
Salz
etwas Öl für die Schüssel und das Blech
1,2 kg Zwetschgen
1 gehäufter TL gemahlener Zimt
30 g Puderzucker und nach Belieben mehr zum Bestreuen

1. Mehl, Zucker, Hefe, Eier, Milch und Butter mit Zitronenschale und 1 Prise Salz in den Mixbehälter geben und in **3 Minuten/Knetstufe** zu einem weichen Teig verarbeiten.
2. Den Teig in eine leicht geölte Schüssel füllen und zugedeckt gehen lassen.
3. In der Zwischenzeit die Zwetschgen waschen, gut abtropfen lassen, vierteln und entkernen. Zimt und Puderzucker in einer kleinen Schüssel vermischen.
4. Den Backofen auf 180 °C Ober-/Unterhitze (Umluft 160 °C) vorheizen.
5. Das Backblech leicht einfetten und den Teig mit einem kleinen Nudelholz dünn darauf ausrollen. Die Zwetschgen mit der Hautseite nach unten darauf verteilen.
6. Kuchen im Ofen 30–35 Minuten backen. Nach der Hälfte der Backzeit, wenn die Ränder ein wenig Farbe angenommen haben, die Zimt-Zucker-Mischung auf die Zwetschgen streuen.
7. Kuchen vor dem Servieren nach Belieben nochmals mit Puderzucker bestreuen und ganz ausgekühlt oder lauwarm genießen.

Tipp: Sie können den Zwetschgenfleck auch mit Streuseln zubereiten. 100 g eiskalte Butter, 100 g Weizenmehl und 30 g Puderzucker in den Mixbehälter geben und in **1 Minute/Knetstufe** zerkrümeln (oder einfach mit den Fingern verkneten). Zusammen mit der Zimt-Zucker-Mischung auf die Zwetschgen geben.

Brombeer-Crumble mit Haferflocken

4 Portionen • Pro Portion: 347 kcal, 4 g E, 17 g F, 44 g KH

75 g Butter + etwas für die Formen
1 Apfel
1 EL Zitronensaft
250 g Brombeeren
60 g kernige Haferflocken
1 Vanilleschote
50 g Weizenmehl (Type 550)
75 g brauner Zucker

1. Backofen auf 180 °C Ober-/Unterhitze (Umluft 160 °C) vorheizen.
2. 4 Gratin-Förmchen mit Butter dünn einfetten.
3. Den Apfel schälen, vierteln und das Kerngehäuse entfernen. Fruchtfleisch mit dem Zitronensaft in den Mixbehälter geben und **2 Sekunden/Turbo-Taste** zerkleinern. Mischung in die Gratin-Förmchen verteilen.
4. Die Brombeeren waschen, verlesen, gut abtropfen lassen und mit den Apfelwürfeln vermischen.
5. Die Butter in Stücke schneiden und mit den Haferflocken in den Mixbehälter geben. **4 Minuten/Stufe 1/120 °C** rösten.
6. Die Vanilleschote längs aufschlitzen, das Mark herauskratzen, zusammen mit Mehl und Zucker in den Mixbehälter geben und **7 Sekunden/Stufe 4** vermengen.
7. Die Streusel auf dem Obst verteilen und behutsam etwas festdrücken. Crumbles 25–30 Minuten auf der mittleren Schiene im Ofen goldgelb backen. Heiß, lauwarm oder kalt in den Formen servieren.

Maronen-Mousse

Für 6 Portionen • Pro Portion: 386 kcal, 5 g E, 20 g F, 45 g KH

1 ½ l Salzwasser
500 g frische Maronen
1 Vanilleschote
500 ml Milch
75 g Zucker
200 ml Sahne
1–2 EL Puderzucker
etwas Kakaopulver nach Belieben

1. Salzwasser im Mixbehälter in **8 Minuten/Rührstufe/100 °C** zum Kochen bringen. Die Maronen mit einem scharfen Messer auf der gewölbten Seite kreuzweise einschneiden, in den Mixbehälter geben und **Linkslauf/30 Minuten/Stufe 1/100 °C** garen. Durch ein Sieb abgießen und kalt abschrecken. Schälen und dabei auch die dünne braune Haut entfernen.
2. Die Vanilleschote längs aufschlitzen und das Mark herauskratzen. Schote und Mark mit Milch, Zucker und den geschälten Maronen in den Mixbehälter geben und **45 Minuten/Stufe 1/90 °C** garen, bis die Maronen die Milch fast aufgesogen haben.
3. Die Vanilleschote entfernen und die Maronen **40 Sekunden/Stufe 6–8** ansteigend fein pürieren. In eine Schüssel umfüllen und kalt stellen.
4. Vor dem Servieren die Sahne im Mixbehälter mit Puderzucker auf **Stufe 3/Rühraufsatz** sehr fest schlagen (Sichtkontrolle!). Maronenpüree und Sahne abwechselnd in 6 Gläser füllen und nach Belieben mit Kakaopulver bestreut servieren.

Tipp: Wenn keine Kinder mitessen, können 50 ml Rum oder Brandy in Punkt 2 mitgekocht werden. (Dafür etwas weniger Milch nehmen.)

Preiselbeersauce

Für 8 Portionen • Pro Portion: 70 kcal, 0 g E, 0 g F, 16 g KH

1 Bio-Orange
300 g frische Preiselbeeren
100 g brauner Zucker
1 Pck. Zitronensäure (wenn Sie die Sauce aufbewahren wollen)
1 Sternanis
½ TL gemahlener Zimt
etwas geriebene Muskatnuss
Salz, Pfeffer

1. Die Orange heiß waschen, abtrocknen und 1 EL Schale fein abraspeln. Die Frucht auspressen. Den Orangensaft eventuell mit etwas Wasser auf 150 ml auffüllen.
2. Die Preiselbeeren in ein Sieb geben, abbrausen und zerquetschte Früchte aussortieren. Stiele und Blätter entfernen.
3. Die Früchte mit Orangensaft, Zucker, Zitronensäure und dem Sternanis in den Mixbehälter geben und **Linkslauf/15 Minuten/Stufe 1/100 °C** weich kochen.
4. Den Sternanis entfernen. Sauce mit Zimt, Muskatnuss, Salz und Pfeffer abschmecken. Den Orangenabrieb und – je nach Geschmack – noch etwas Zucker dazugeben und Sauce nochmals **Linkslauf/2 Minuten/Stufe 1/100 °C** aufkochen lassen.
5. Zum Aufbewahren in ein vorbereitetes Schraubglas (ca. 300 ml) füllen oder auf Zimmertemperatur abkühlen lassen und sofort genießen.

Tipp 1: Für Erwachsene geben 50 ml Portwein, die bei Punkt 4 untergerührt werden, dem Ganzen noch einen besonderen Kick.

Tipp 2: Sie können die Sauce auch mit frischen Cranberrys machen, die es mittlerweile im Herbst auch bei uns zu kaufen gibt. In den USA sind die großen luftgefüllten Beeren als Beilage zum Thanksgiving-Truthahn ein Muss. Cranberry-Sauce schmeckt aber auch gut zu Käse, aufs Brot oder statt Preiselbeeren zu Fleisch.

Winter

Gefühlt haben wir gerade die Badesachen weggepackt, schon brausen die ersten Herbststürme über uns hinweg, und der Winter steht vor der Tür. Die lange Dunkelheit, die niedrigen Temperaturen und die Nässe stellen wieder große Herausforderungen an unseren Körper. Er muss sich jetzt besonders anstrengen, um fit und gesund zu bleiben. Die Natur hat es so eingerichtet, dass neben all den Zitrusfrüchten, die wir in dieser Zeit gern genießen, viel Gemüse im Herbst und Spätherbst geentet werden kann, das prallvoll mit Stoffen ist, die der Organismus jetzt braucht: Antioxidantien, Flavonoide und Vitamine.

Gern schließen wir uns dem Trend an, bevorzugt Gemüse aus der Region in den Mixbehälter zu bringen. Die vielen Kohlsorten, aber auch Rote Bete und vielfarbige Möhren aus den Feldern in unserer Nachbarschaft sorgen ohne lange Transportwege für gesunde Abwechslung auf dem Tisch und sind ökologisch unbedenklich – besonders wenn sie auch noch aus biologischem Anbau stammen.

Und keine Angst, dass altmodischer Kohl-Mief in Ihre Küche einzieht: Die Rezepte für Steckrüben, Kohl und Wurzelgemüse haben von uns ein modernes Fitting bekommen – sie sind leicht und vielfach kalorienarm oder für die Low-Carb-Ernährung geeignet.

Genießen Sie unsere Winterküche mit kräftigen Eintöpfen, würzigen Aufläufen, raffinierten Suppen und Quiches, und freuen Sie sich darüber, dass das mit Ihrem Monsieur Cuisine so flott geht.

Brokkoli-Möhren-Eintopf mit Käse

Für 2 Portionen • Pro Portion: 350 kcal, 21 g E, 17 g F, 27 g KH

250 g Brokkoli
150 g Kartoffeln
150 g Möhren
300 ml Gemüsebrühe
250 ml fettarme Milch oder Sojamilch
75 g Cheddar
Salz, Pfeffer
geriebene Muskatnuss

1. Den Brokkoli putzen, waschen, ein paar Röschen abschneiden und in den tiefen Dampfgaraufsatz legen. Die übrigen Röschen und den Stängel grob zerschneiden. Kartoffeln und Möhren schälen, putzen, waschen und grob in Stücke schneiden.
2. Brokkoli (außer Röschen im Dampfgaraufsatz), Möhren und Kartoffeln in den Mixbehälter geben, den Messbecher aufsetzen und **5 Sekunden/Stufe 5** zerkleinern.
3. Die Brühe und Milch angießen, den Dampfgaraufsatz aufsetzen und **13 Minuten/100 °C/Stufe 1** kochen. Den Dampfgaraufsatz abnehmen und beiseitestellen.
4. Den Käse in den Mixbehälter geben und alles weitere **3 Minuten/Stufe 1/120 °C** kochen, bis der Käse geschmolzen ist. Dann **30 Sekunden/Stufe 5–8** ansteigend fein pürieren.
5. Den Eintopf mit Salz, Pfeffer und Muskatnuss abschmecken, auf 2 Teller verteilen und die gedämpften Brokkoliröschen in die Mitte setzen.

Blumenkohl-Brokkoli-Auflauf mit Béchamelsauce

Für 4 Portionen • Pro Portion: 381 kcal, 17 g E, 11 g F, 53 g KH

500 g Blumenkohl
300 g Brokkoli
200 g Spiralnudeln
Salz
1,5 l Wasser
etwas Fett für die Form
30 g Weizenmehl
2 EL Olivenöl
½ l Milch
Salz, Pfeffer
geriebene Muskatnuss

1. Blumenkohl und Brokkoli in Röschen teilen, putzen, waschen und in den tiefen Dampfgaraufsatz legen. Die Spiralnudeln in den Kocheinsatz legen.
2. Salzwasser in den Mixbehälter geben, den Dampfgaraufsatz aufsetzen und **10 Minuten/100 °C/Stufe 1** dampfgaren. Dann den Kocheinsatz in den Mixbehälter einsetzen und alles zusammen weitere **7–10 Minuten** (je nach Kochzeit der Nudeln)**/Stufe 1/120 °C/** garen.
3. Den Backofen auf 180 °C (Umluft 160 °C) vorheizen. Eine Auflaufform dünn einfetten und das Gemüse und die gut abgetropften Spiralen hineingeben.
4. Den Mixbehälter ausleeren und abtrocknen. Mehl und Olivenöl hineingeben und **6 Sekunden/Stufe 4** vermischen. Die Milch dazugießen, mit Salz, Pfeffer und Muskatnuss würzen und **6 Minuten/Stufe 3/100 °C** kochen.
5. Die Béchamelsauce über das Gemüse gießen. Form in den Backofen schieben und Auflauf 25–30 Minuten überbacken, bis die Béchamelsauce Farbe anzunehmen beginnt.

Tipp: Der Auflauf schmeckt natürlich auch gut, wenn Sie über die Béchamelsauce noch 100 g geriebenen Parmesan oder Gruyère streuen und das Ganze goldgelb backen.

Blumenkohltorte mit Putenfleisch

Für 4 Portionen • Pro Portion: 526 kcal, 27 g E, 29 g F, 40 g KH

50 g alter Gouda oder Gruyère
400 g Blumenkohl
200 g Putenschnitzel
Salz
1 l Wasser
80 g Butter
2 Eier, Größe M
75 ml Schmand
Pfeffer
200 g Weizenmehl
1 Päckchen Backpulver
etwas Fett und Mehl für die Form

1. Den Käse in den Mixbehälter geben, Messbecher aufsetzen und **8 Sekunden/Stufe 8** reiben. In eine kleine Schüssel umfüllen und beiseitestellen.
2. Den Blumenkohl in kleine Röschen teilen, waschen und in den Kocheinsatz geben. Die Putenschnitzel mit einem scharfen Messer in feine Streifen schneiden, kräftig salzen und in den flachen Dampfgaraufsatz legen.
3. Wasser in den Mixbehälter füllen, Kocheinsatz mit dem Blumenkohl einhängen, Dampfgaraufsatz aufsetzen und **20 Minuten/Dampfgaren** dämpfen. Den Backofen auf 180 °C (Umluft 160 °C) vorheizen.
4. Dampfgaraufsatz und Kocheinsatz beiseitestellen, Mixbehälter ausleeren und abtrocknen. Butter in den Mixbehälter geben und **2 Minuten/Stufe 2/70 °C** schmelzen. Etwas abkühlen lassen und dann mit 25 g Käse, Eiern, Schmand, Salz, Pfeffer, Mehl und Backpulver **10 Sekunden/Stufe 3** zu einem Teig verrühren.
5. Den Blumenkohl dazugeben und **Linkslauf/7 Sekunden/Stufe 2** untermischen.
6. Die Hälfte der Masse in eine leicht gefettete und bemehlte Springform (ca. 16 cm Durchmesser) geben, die Putenstreifen darauf verteilen und mit der restlichen Blumenkohlmasse bedecken. Glatt streichen und mit dem restlichen Käse bestreuen.
7. Blumenkohltorte in den Ofen geben und auf der 2. Schiene von unten 25–30 Minuten backen, bis sie goldgelb ist.
8. Aus dem Ofen nehmen und Kuchen in der Form 10 Minuten etwas abkühlen lassen. Nach Belieben mit etwas Salat (zum Beispiel Rucola) servieren.

Variante: Wenn Sie die Torte mit Lachs zubereiten wollen, können Sie mit 200 g frischem Lachsfilet ohne Haut genauso verfahren wie mit dem Putenfleisch. Geräucherten Lachs brauchen Sie nicht zuvor zu dünsten. Der kommt einfach in Scheiben zwischen die beiden Blumenkohl-Schichten.

Wintertarte mit Brokkoli, Rosenkohl und Tomaten

Für 4 Portionen • Pro Portion: 786 kcal, 26 g E, 51 g F, 54 g KH

Für den Mürbeteig:
240 g Weizenmehl
120 g Butter
1 Ei, Größe M
1 Prise Salz

Für den Belag:
50 g Pecorino
400 g Brokkoli
200 g Rosenkohl
1 l Wasser
150 g Cherry-Rispentomaten
1 Bund Lauchzwiebeln
5 Stängel Dill oder glatte Petersilie
25 g getrocknete Tomaten
1 EL Olivenöl
200 g Schmand
50 ml Milch
2 Eier, Größe M
Salz, Pfeffer
etwas Fett für die Form
25 g entsteinte grüne oder schwarze Oliven

1. Alle Zutaten für den Teig in den Mixbehälter geben und **20 Sekunden/Stufe 4** vermischen. Auf die Arbeitsfläche schütten und rasch mit den Händen eine Teigkugel formen. In Klarsichtfolie wickeln und ½ Stunde im Kühlschrank ruhen lassen. Den Mixbehälter spülen und abtrocknen.
2. Den Käse in den Mixbehälter geben, Messbecher aufsetzen und **8 Sekunden/Stufe 8** zerkleinern. In eine kleine Schüssel umfüllen und beiseitestellen.
3. Brokkoli in Röschen teilen, Rosenkohl putzen. Beides waschen und in den Kocheinsatz legen. Wasser in den Mixbehälter füllen, den Kocheinsatz einhängen und **20 Minuten/Dampfgaren** dämpfen.
4. In der Zwischenzeit die Tomaten waschen und in Scheiben schneiden. Die Lauchzwiebeln putzen, waschen und grob in Stücke schneiden. Den Dill
5. waschen, trockenschütteln, die Blätter von den Stielen zupfen und fein hacken. Die getrockneten Tomaten in Streifen schneiden. Den Backofen auf 180 °C (Umluft 160 °C) vorheizen.
6. Den Kocheinsatz herausnehmen und beiseitestellen. Mixbehälter ausleeren und abtrocknen. Lauchzwiebeln und Öl in den Mixbehälter geben und **5 Sekunden/Turbo-Taste** zerkleinern. Mit dem Spatel nach unten schieben und **4 Minuten/Stufe 1/120 °C** dünsten.
7. Pecorino, Schmand, Milch, Eier, Salz und Pfeffer dazugeben und **10 Sekunden/Stufe 3** verrühren.
8. Eine leicht gefettete Springform (ca. 28 cm Durchmesser) mit dem Teig auskleiden und dabei den Teig am Rand bis zur Kante hochziehen. Den Teigboden mit einer Gabel einige Male einstechen.
9. Brokkoli und Rosenkohl einfüllen, mit den Tomatenscheiben belegen und die Oliven und getrockneten Tomaten daraufgeben. Mit der Käse-Eier-Mischung begießen. Springform in den Backofen geben und Tarte 40–45 Minuten backen, bis der Teigrand goldgelb und der Käse geschmolzen ist.
10. Tarte in der Form bei abgeschaltetem Backofen etwas auskühlen lassen, dann aus dem Ofen nehmen, aus der Springform lösen und mit Dill bestreut servieren.

Tipp: Wenn Sie die Wintertarte mit etwas weniger Kalorien zubereiten wollen, sollten Sie auf den Mürbeteig, der ja sehr gehaltvoll, aber auch lecker ist, verzichten und können stattdessen den Quark-Öl-Teig von Seite 86 nehmen. Zum Vergleich: Mürbeteig pro Portion: 445 kcal, 8 g E, 27 F, 44 KH; Quark-Öl-Teig pro Portion: 332 kcal, 9 g E, 16 g F, 38 g KH

Spitzkohleintopf mit Roter Bete und Sucuk

Für 4 Portionen • Pro Portion: 283 kcal, 13 g E, 19 g F, 13 g KH

600 g Spitzkohl
2 Lorbeerblätter
1 Zwiebel
2 Knoblauchzehen
1 EL Rapsöl
200 g frische Rote Bete
1 TL Kümmel
750 ml Gemüse- oder Fleischbrühe
4 Stängel glatte Petersilie
200 g Sucuk (ersatzweise Mettwurst oder Schinkenwurst)
Salz, Pfeffer
Apfelessig

1. Den Spitzkohl in Blätter teilen, waschen und die harten Mittelrippen herausschneiden. Blätter grob zerkleinern, in den Mixbehälter geben und mithilfe des Spatels **5 Sekunden/Stufe 4** zerkleinern. In den tiefen Dampfgaraufsatz legen und die Lorbeerblätter hineinstecken.
2. Die Zwiebel abziehen und vierteln. Die Knoblauchzehe schälen. Beides mit dem Öl in den Mixbehälter geben, Messbecher aufsetzen, **5 Sekunden/Turbo-Taste** zerkleinern, mit dem Spatel nach unten schieben und **4 Minuten/Stufe 1/120 °C** dünsten.
3. Die Roten Bete schälen (am besten mit Einmalhandschuhen arbeiten, denn sie färben stark ab), vierteln und im Mixbehälter **5 Sekunden/Stufe 5** zerkleinern. Kümmel und Brühe dazugeben, den Dampfgaraufsatz mit dem Spitzkohl aufsetzen und **15 Minuten/120 °C/Stufe 1** garen.

4. In der Zwischenzeit die Petersilie waschen, trocken schütteln und die Blätter von den Stängeln zupfen und hacken. Die Würste pellen, in dünne Scheiben schneiden und auf den flachen Dampfgaraufsatz geben.
5. Den Deckel abnehmen (Vorsicht! Der Dampf ist sehr heiß!), den flachen Dampfgaraufsatz aufsetzen und alles zusammen weitere **5 Minuten/120 °C/ Stufe 1** garen.
6. Kohl und Wurstscheiben aus den Dampfgaraufsätzen in den Mixbehälter geben (ohne die Lorbeerblätter), mit dem Spatel unterheben und **Linkslauf/10 Sekunden/Stufe 3** vermischen.
7. Eintopf mit Salz, Pfeffer und Apfelessig abschmecken, auf 4 Teller verteilen und mit Petersilie bestreut servieren.

Info: Sucuk ist eine scharf gewürzte türkische Wurst aus Rind-, Lamm- oder (seltener) Kalbfleisch. Sie bekommen sie nicht nur in türkischen Lebensmittelgeschäften. Es gibt diese 10 cm langen Wurstpaare mittlerweile auch in großen Supermärkten im Kühlregal.

Grünkohleintopf mit Merguez

Für 2 Portionen • Pro Portion: 468 kcal, 25 g E, 30 g F, 24 g KH

200 g frischer Grünkohl (ersatzweise 180 g TK-Grünkohl)
200 g Kartoffeln
200 g Knollensellerie
1 Zwiebel
1 EL Olivenöl
600 ml Gemüsebrühe
5 Salbeiblätter
2 Merguez à 50 g oder kleine Bratwürstchen
30 g Parmesan
etwas Zitronensaft
Salz, Pfeffer
50 ml Sahne zum Kochen

1. Grünkohlblätter sorgfältig waschen, die harte Mittelrippe entfernen und das Grün in Stücke zupfen. (Tiefgekühlten Grünkohl etwas antauen lassen.) Die Kartoffeln schälen, waschen und vierteln. Knollensellerie putzen, waschen und grob zerteilen. Die Zwiebel abziehen und vierteln.
2. Zwiebel und Olivenöl in den Mixbehälter geben, den Messbecher aufsetzen und **5 Sekunden/Turbo-Taste** zerkleinern. Mit dem Spatel nach unten schieben und **4 Minuten/Stufe 1/120 °C** dünsten.
3. Die Gemüsebrühe eingießen und die Salbeiblätter dazugeben. Die Merguez in den tiefen Dampfgaraufsatz legen. Den Grünkohl auf dem flachen Dampfgaraufsatz verteilen. (Wenn Sie TK-Grünkohl verwenden: In eine kleine hitzebeständige Schüssel neben die Würstchen stellen.)
4. Die Dampfgaraufsätze aufsetzen und alles **20 Minuten/Stufe 1/120 °C** garen. In der Zwischenzeit den Parmesan in schmale Scheiben hobeln.

5. Die Dampfgaraufsätze abnehmen und beiseitestellen. Den Eintopf **25 Sekunden/Stufe 5–7** ansteigend pürieren. Mit Zitronensaft, Salz und Pfeffer abschmecken und **5 Sekunden/Stufe 3** die Sahne einrühren.
6. Die Würstchen in schmale Scheiben schneiden. Den Grünkohl auf die Teller verteilen, mit der Suppe begießen und die Wurstscheiben und den Parmesan in die Mitte setzen.

Info 1: Merguez sind gewürzte Hackfleisch-Bratwürste, die ursprünglich aus Nordafrika kommen, nach Frankreich eingewandert und auch bei uns heimisch geworden sind. Es gibt sie aus Lamm- oder Rindfleisch oder aus einem Fleischgemisch. Meist werden sie gebraten gegessen, entwickeln ihr Aroma aber auch im Dampf des Monsieur Cuisine.

Info 2: Wenn Sie Vegetarier sind und die Wurst weglassen, kommen Sie pro Portion auf nur 315 kcal.

Toskanischer Grünkohleintopf Ribollita

Für 4 Portionen • Pro Portion: 371 kcal, 18 g E, 16 g F, 37 g KH

80 g Parmesan
1 rote Zwiebel
2 Knoblauchzehen
150 g Möhren
100 g Staudensellerie
150 g Grünkohl (ersatzweise Wirsing oder Mangold)
100 g Kartoffeln
2 Tomaten
1 Dose Cannellini-Bohnen (250 g Abtropfgewicht)
1 Stängel Rosmarin
2 Stängel Thymian
2 EL Olivenöl
750 ml Gemüsebrühe oder Fond nach Belieben
2 Lorbeerblätter
Salz, Pfeffer
8 dünne Scheiben Ciabatta

1. Den Parmesan in 2 cm große Stücke schneiden, in den Mixbehälter geben, den Messbecher aufsetzen und **10 Sekunden/Stufe 10** reiben. In eine Schüssel umfüllen und beiseitestellen.
2. Die Zwiebel abziehen und vierteln. Die Knoblauchzehen schälen. Möhren schälen und putzen, Staudensellerie putzen. Beides waschen und grob würfeln.
3. Den Grünkohl gründlich waschen, die harten Mittelrippen entfernen und die Blätter in mundgerechte Stücke zupfen. Die Kartoffeln schälen, waschen und vierteln. Die Tomaten waschen, halbieren und die Stielansätze entfernen. Die Bohnen in ein Sieb geben, kalt abbrausen und abtropfen lassen. Rosmarin und Thymian waschen, trocken schütteln, Blätter von den Zweigen streifen und hacken.
4. Zwiebel und Knoblauchzehen mit dem Olivenöl in den Mixbehälter geben, den Messbecher aufsetzen und **5 Sekunden/Turbo-Taste** zerkleinern. Mit dem Spatel nach unten schieben, Möhren und Sellerie dazugeben und alles zusammen **4 Minuten/Stufe 1/120 °C** dünsten. Die Kartoffeln dazugeben und **10 Sekunden/Stufe 5** zerkleinern.
5. Mit Brühe oder Fond aufgießen, frischen Grünkohl (der tiefgekühlte kommt später dazu), Rosmarin, Thymian und Lorbeerblätter dazugeben, den Kocheinsatz als Spritzschutz aufsetzen und **Linkslauf/20 Minuten/Stufe 1/100 °C** kochen lassen.
6. Bohnen und Tomaten dazugeben (tiefgekühlter Grünkohl kommt jetzt mit in den Topf) und **Linkslauf/7 Minuten/Stufe 1/100 °C** fertig garen.
7. Lorbeerblätter entfernen und Eintopf mit Salz und Pfeffer abschmecken.
8. In der Zwischenzeit die Brotscheiben toasten oder in etwas Olivenöl in einer Pfanne anbraten.
9. Je 2 Brotscheiben in die Teller geben, den Eintopf darüberschöpfen und den Parmesan getrennt dazu reichen.

Tipp: Toll schmeckt dazu Salsiccia, die italienische Bratwurst. Sie ist je nach regionaler Herkunft mit Fenchel, Paprika, manchmal auch Nelken gewürzt. Für die Suppe wird das Brät von 2 Würsten à etwa 100 g aus der Pelle gedrückt, in etwas Olivenöl in einer beschichteten Pfanne angebraten und vor dem Servieren darübergestreut oder getrennt dazu gereicht. Mit Wurst kommt der Eintopf dann auf 515 kcal pro Portion.

Selleriesuppe mit Kokos und Speck

Für 4 Portionen • Pro Portion: 312 kcal, 9 g E, 26 g F, 10 g KH

1 Zwiebel
300 g Knollensellerie
10 g Kokosöl
600 ml Wasser
100 g Frühstücksspeck oder magerer Pancetta
1 TL Olivenöl
4 Stängel Thymian
500 ml fettarme Milch
Salz, Pfeffer
100 ml Kokos-Cuisine
2 EL Kokosraspel nach Belieben

1. Die Zwiebel abziehen und vierteln. Knollensellerie putzen, schälen, waschen und grob in Stücke schneiden.
2. Zwiebel in den Mixbehälter geben, den Messbecher aufsetzen und **3 Sekunden/Turbo-Taste** zerkleinern. Das Kokosöl dazugeben und **3 Minuten/Stufe 1/120 °C** dünsten.
3. Sellerie dazugeben und **5 Sekunden/Stufe 5** zerkleinern (Messbecher!). Das Wasser dazugießen und Gemüse in **12 Minuten/Stufe 1/100 °C** weich kochen.
4. In der Zwischenzeit den Speck in Rechtecke schneiden und in einer beschichteten, mit dem Öl ausgepinselten Pfanne kross braten. Den Thymian waschen, trocken schütteln und die Blättchen von den Stielen zupfen.
5. Milch in den Mixbehälter geben und zugedeckt **45 Sekunden/Stufe 6** fein pürieren. Anschließend **2 Minuten/Stufe 1/100 °C** nochmals erhitzen.
6. Suppe mit Salz und Pfeffer abschmecken und mit Kokos-Cuisine verfeinern.
7. Auf 4 Tellern anrichten, den Speck darübergeben und mit den Thymianblättchen – und nach Belieben Kokosraspeln – bestreut servieren.

Info: Knollensellerie kennen wir auch unter der Bezeichnung Wurzelsellerie oder Selleriewurzel oder Zeller in Süddeutschland und Österreich. Aus dem »Bund Suppengemüse« ist er nicht wegzudenken. Sein intensiver Geschmack kommt aber als Hauptakteur viel besser zur Geltung.
Die faustgroße Knolle gilt seit Homer als Aphrodisiakum. In der Odyssee hat er den Sellerie als Lieblingsgemüse der Zauberin Kalypso besungen. Anregend ist die Knolle wohl aber eher für den Stoffwechsel. Es gibt sie das ganze Jahr über – im Frühjahr den jungen »Suppensellerie«, etwa 5 cm groß und mit viel würzigem Grün. Haupternte ist im Oktober, dann enthalten die Knollen die größten Mengen ihrer Mineralstoffe, ätherischen Öle, Kalzium und Eisen.

Kohlrabi-Möhren-Eintopf mit Graupen und Fleischbällchen

Für 4 Portionen • Pro Portion: 534 kcal, 24 g E, 31 g F, 39 g KH

Für die Fleischbällchen:
1 kleine Zwiebel
2 Knoblauchzehen
1 EL Rapsöl
300 g gemischtes Hackfleisch
1 Ei, Größe M
1 EL Paprikapulver edelsüß oder rosenscharf
Salz, Pfeffer
etwas Fett für das Backpapier

Für den Eintopf:
200 g Perlgraupen
1,2 l Wasser
Salz
200 g Kohlrabi
200 g Möhren
2 EL Rapsöl
1,2 l Gemüsebrühe
4 Stängel glatte Petersilie
Salz, Cayennepfeffer
Zitronensaft

1. Zwiebel abziehen und vierteln. Die Knoblauchzehen schälen.
2. Zwiebel und Knoblauch mit dem Öl in den Mixbehälter geben, den Messbecher aufsetzen und **5 Sekunden/Turbo-Taste** zerkleinern. Mit dem Spatel nach unten schieben und 4 **Minuten/Stufe 1/120 °C** dünsten.
3. Hackfleisch, Ei, Paprikapulver, Salz und Pfeffer dazugeben und **10 Sekunden/Stufe 4** vermischen. In eine Schüssel umfüllen und mit feuchten Händen 20 kleine Bällchen formen.
4. Den flachen Dampfgaraufsatz mit Backpapier belegen (darauf achten, dass die seitlichen Schlitze frei bleiben), dünn mit Fett bestreichen und die Fleischbällchen darauflegen.
5. Die Perlgraupen in Salzwasser **15 Minuten/Stufe 1/100 °C** im Mixbehälter vorkochen und abgießen. Den Mixbehälter spülen und abtrocknen.
6. In der Zwischenzeit Kohlrabi und Möhren putzen, schälen, waschen und grob in Stücke schneiden.
7. Kohlrabi und Möhren mit dem Rapsöl in den Mixbehälter geben und **7 Sekunden/Stufe 5** zerkleinern. Mit dem Spatel nach unten schieben und **4 Minuten/Stufe 1/120 °C** dünsten.
8. Die Graupen und die Brühe dazugeben, den Dampfgaraufsatz mit den Fleischbällchen aufsetzen und alles zusammen **Linkslauf/15 Minuten/120 °C/Stufe 1** garen.
9. In der Zwischenzeit die Petersilie waschen, trocken schütteln, die Blätter von den Stielen zupfen und fein hacken.
10. Den Darmpfgaraufsatz abnehmen und beiseitestellen. Den Eintopf mit Salz, Cayennepfeffer und Zitronensaft pikant säuerlich abschmecken.
11. Eintopf auf 4 Teller verteilen, jeweils 5 Fleischbällchen hineingeben und mit Petersilie bestreut servieren.

Info 1: Graupen sind die geschälten und polierten Körner der Gerste. Für eine Vollwerternährung ist Rollgerste aus den ganzen Körnern besser geeignet. Feiner sind die Perlgraupen, für die die Körner geschnitten werden.

Info 2: Falls Sie die Fleischbällchen mal für ein anderes Gericht verwenden wollen: 5 Stück haben 227 kcal, 16 g E, 17 g F, 1 g KH.

Kohlrabisuppe mit Fiskeboller

Für 4 Portionen • Pro Portion: 174 kcal, 12 g E, 9 g F, 11 g KH

Für 12 Fischbällchen:
150 g Schellfisch oder Kabeljau
1 Schalotte
1 Knoblauchzehe
10 g Butter
1 Ei, Größe M
2 EL Stärkemehl
2 EL Sahne zum Kochen
Salz, weißer Pfeffer

Für die Suppe:
300 g Kohlrabi
800 ml Gemüsebrühe (nach Belieben auch Fischfond)
1 TL Fenchelsamen
1 Fleischtomate
4 Stängel glatte Petersilie
Salz, Pfeffer
Zitronensaft

1. Den Kabeljau etwa 1 Stunde im Gefrierfach anfrieren lassen – er lässt sich dann besser zerkleinern. Schalotte und Knoblauch abziehen und halbieren.
2. Schalotte und Knoblauch in den Mixbehälter geben, den Messbecher aufsetzen und **5 Sekunden/Turbo-Taste** zerkleinern. Mit dem Spatel nach unten schieben, die Butter dazugeben und **3 Minuten/Stufe 1/100 °C** dünsten.
3. Kabeljau, Ei, Stärkemehl, Sahne, Salz und Pfeffer in den Mixbehälter geben und **10 Sekunden/Stufe 6** zerkleinern. In eine Schüssel umfüllen, den Mixbehälter ausspülen und auch den Deckel reinigen.
4. Den Einlegboden des flachen Dampfgaraufsatzes mit Pergamentpapier auslegen, dabei einige Schlitze frei lassen, damit der Dampf zirkuliert.
5. Mit feuchten Händen aus der Fischmasse 12 kleine Bällchen von etwa 2 cm Durchmesser formen und auf das Pergamentpapier legen.
6. Kohlrabi putzen und dabei die kleineren zarten Blätter für später beiseitestellen. Kohlrabi schälen, waschen und grob in Stücke schneiden.
7. Kohlrabistücke in den Mixbehälter geben, Brühe und Fenchelsamen dazugeben, den Dampfgareinsatz mit den Fischbällchen aufsetzen und das Ganze **16 Minuten/100 °C/Stufe 1** garen.
8. In der Zwischenzeit die Tomate heiß überbrühen, kalt abschrecken, häuten und halbieren. Stielansatz und Kerne entfernen und das Fruchtfleisch in Streifen schneiden. Die Petersilie waschen, trocken schütteln und die Blätter von den Stielen zupfen. Zusammen mit dem Kohlrabigrün fein hacken.
9. Den Dampfgaraufsatz abnehmen und beiseitestellen. Die Suppe **20 Sekunden/Stufe 5–6** ansteigend nicht allzu fein pürieren und mit Salz, Pfeffer und Zitronensaft säuerlich-pikant abschmecken.
10. Die Fischbällchen und die Tomatenstreifen auf Teller verteilen, mit der Suppe begießen und mit gehackter Petersilie und Kohlrabigrün bestreut servieren.

Info 1: Fiskeboller sind eine norwegische Spezialität. Die Fischklößchen werden mit gekochtem Gemüse, aber auch als Suppeneinlage geschätzt.

Info 2: Falls Sie die Fischbällchen mal in eine andere Suppe geben wollen: 3 Stück haben 106 kcal, 9 g E, 5 g F, 5 g KH.

Buchweizeneintopf mit Sellerie und Möhren

Für 2 Portionen • Pro Portion: 346 kcal, 9 g E, 14 g F, 47 g KH

100 g Buchweizen
1 kleine Zwiebel
150 g Möhren
200 g Knollensellerie
1 kleiner Fenchel
1 EL Olivenöl
500 ml Gemüsebrühe
Salz, Pfeffer

1. Buchweizen in ein Sieb geben, heiß abbrausen und gut abtropfen lassen.
2. Zwiebel abziehen und vierteln. Möhren und Knollensellerie putzen, schälen, waschen und würfeln. Fenchel waschen, in Blätter teilen und in Streifen schneiden. Das Fenchelgrün abzupfen und beiseitelegen.
3. Zwiebel in den Mixbehälter geben, Messbecher aufsetzen und **5 Sekunden/Turbo-Taste** zerkleinern. Olivenöl und Buchweizen dazugeben und **4 Minuten/Stufe 1/100 °C** dünsten.
4. Brühe und Gemüse dazugeben und **15 Minuten/Stufe 1/100 °C** kochen.
5. Eintopf mit Salz und Pfeffer abschmecken, auf 2 Teller verteilen und mit dem Fenchelgrün bestreut servieren.

Kürbisrisotto

Für 4 Portionen • Pro Portion: 485 kcal, 12 g E, 18 g F, 68 g KH

700 g Hokkaido-Kürbis
1 Zwiebel
1–2 Knoblauchzehen
1 EL Rapsöl
300 g Risottoreis (z. B. Vialone oder Arborio)
750 ml Gemüsebrühe
geriebene Muskatnuss
Salz, Pfeffer
30 g Butter
50 g geriebener Parmesan nach Belieben

1. Den Kürbis gut waschen (die Schale wird mitverwendet), entkernen und Fruchtfleisch grob in Stücke schneiden. Die Zwiebel abziehen und vierteln. Den Knoblauch schälen.
2. Zwiebel und Knoblauch in den Mixbehälter geben, den Messbecher aufsetzen und **5 Sekunden/Turbo-Taste** zerkleinern. Mit dem Spatel nach unten schieben, das Öl dazugießen und **4 Minuten/Stufe 1/120 °C** dünsten.
3. Die Kürbisstücke einfüllen und **5 Sekunden/Stufe 5** zerkleinern. Den Reis dazugeben und das Ganze **Linkslauf/3 Minuten/Stufe 1/100 °C** dünsten.
4. Die Brühe angießen, mit Muskatnuss würzen, den Kocheinsatz als Spritzschutz aufsetzen und alles **Linkslauf/12 Minuten/Stufe 1/100 °C** garen.
5. Die Butter mit dem Spatel unterheben und den Reis noch 1 Minute im Topf quellen lassen. Risotto mit Salz und Pfeffer abschmecken. **Linkslauf/10 Sekunden/Stufe 1** vermischen.
6. Risotto auf 4 Teller verteilen und dazu nach Belieben geriebenen Parmesan reichen.

Orientalische Kohlrübencremesuppe mit Kresse

Für 4 Portionen • Pro Portion: 234 kcal, 3 g E, 17 g F, 18 g KH

600 g Kohlrüben
200 g Möhren
1 Zwiebel
1 Stück Ingwer (walnussgroß)
1 EL Rapsöl
1 EL Garam Masala
½ TL Kurkuma
1,2 l Gemüsebrühe
8 Stängel Majoran
100 ml Sahne zum Kochen
Salz, Pfeffer
Zitronensaft

1. Die Kohlrüben und die Möhren putzen, schälen, waschen und grob in Stücke schneiden. Die Zwiebel abziehen und vierteln. Den Ingwer schälen und grob zerschneiden.
2. Zwiebel und Ingwer in den Mixbehälter geben, und mit aufgesetztem Messbecher **5 Sekunden/Turbo-Taste** zerkleinern. Mit dem Spatel nach unten schieben, das Öl dazugießen und **4 Minuten/Stufe 1/120 °C** dünsten.
3. Kohlrüben und Möhren in den Mixbehälter geben und **5 Sekunden/Stufe 5** zerkleinern (Messbecher!). Die Gewürze und Brühe dazugeben und Gemüse **15 Minuten/Stufe 2/100 °C** weich kochen.
4. In der Zwischenzeit den Majoran waschen, trockenschütteln und die Blättchen von den Stielen zupfen.

5. Die Sahne in den Mixbehälter gießen und die Suppe **40 Sekunden/Stufe 5–7** ansteigend cremig pürieren. Mit Salz, Pfeffer und Zitronensaft pikant abschmecken, auf 4 Teller verteilen und mit Majoran bestreut servieren.

Bunte Lauchsuppe mit Reis

Für 4 Portionen • Pro Portion: 184 kcal, 7 g E, 4 g F, 29 g KH

5 Stangen Lauch
300 g Möhren
3 Lauchzwiebeln
2 EL Rapsöl
80 g Reis
2 EL Tomatenmark
1 TL Paprikapulver rosenscharf oder edelsüß
750 ml Gemüsebrühe
3 Stängel glatte Petersilie
Saft von ½ Zitrone
Salz, Pfeffer

1. Den Lauch putzen, längs aufschlitzen, gründlich waschen und in ca. 1 cm breite Ringe schneiden. Die Möhren putzen, schälen, waschen und in 3 mm dicke Scheiben schneiden. Die Lauchzwiebeln putzen, waschen und grob zerschneiden.
2. Die Lauchzwiebeln mit dem Öl in den Mixbehälter geben, den Messbecher aufsetzen und **3–4 Sekunden/Turbo-Taste** zerkleinern. Mit dem Spatel nach unten schieben und **4 Minuten/Stufe 1/120 °C** andünsten. Den Reis dazugeben und noch mal **1 Minute/Stufe 1/120 °C** dünsten.
3. Tomatenmark, Lauch, Möhren, Paprikapulver und Brühe dazugeben und Gemüse in **15 Minuten/Stufe 1/100 °C** weich kochen. (Mit Messbecher oder Kocheinsatz abdecken – es kann spritzen.)
4. In der Zwischenzeit die Petersilie waschen, trocken schütteln, die Blätter von den Stielen zupfen und hacken.
5. Den Zitronensaft mit dem Spatel unterrühren. Die Suppe mit Salz und Pfeffer abschmecken und mit der Petersilie bestreut servieren.

Pastinakengratin

Für 2 Portionen • Pro Portion: 453 kcal, 25 g E, 20 g F, 43 g KH

600 g Pastinaken
3 Lauchzwiebeln
2 Stängel Thymian
etwas Fett für die Form
75 g Bergkäse
150 ml Joghurt
100 g Magerquark
1 Ei, Größe M
Salz, Pfeffer

1. Den Backofen auf 180 °C (Umluft 160 °C) vorheizen.
2. Die Pastinaken putzen, schälen, waschen und grob in Stücke schneiden. Die Lauchzwiebeln putzen, waschen und quer vierteln. Thymian waschen, trocken schütteln und die Blättchen gegen die Wuchsrichtung vom Stiel streifen.
3. Pastinaken und Lauchzwiebeln in den Mixbehälter geben, Messbecher aufsetzen und **5–6 Sekunden/Turbo-Taste** zerkleinern. In eine gefettete Auflaufform (ca. 24 cm Durchmesser) geben.
4. Den Bergkäse in 2 cm große Würfel schneiden und **8 Sekunden/Stufe 8** im Mixbehälter zerkleinern (Messbecher aufsetzen!). Joghurt, Magerquark, Ei, Salz, Pfeffer und Thymian dazugeben und **12 Sekunden/Stufe 3** verrühren.
5. Die Quarkmasse auf den Pastinaken verteilen und das Gratin auf der mittleren Schiene im vorgeheizten Backofen 25–30 Minuten goldgelb backen.

Möhren-Sauerkraut-Eintopf mit Rostbratwürstchen

Für 2 Portionen • Pro Portion: 270 kcal, 8 g E, 16 g F, 21 g KH

1 Zwiebel
1 EL Rapsöl
250 g Möhren
1 kleine Dose Sauerkraut (285 g Abtropfgewicht)
½ TL Kümmel
1 Lorbeerblatt
8 Nürnberger Rostbratwürstchen (à 20 g)
400 ml Gemüse- oder Fleischbrühe
½ TL getrockneter Majoran
2 EL saure Sahne nach Belieben

1. Die Zwiebel abziehen und vierteln. In den Mixbehälter geben, den Messbecher aufsetzen und **5 Sekunden/Turbo-Taste** zerkleinern. Mit dem Spatel nach unten schieben, das Öl dazugeben und **4 Minuten/Stufe 1/120 °C** dünsten.
2. Die Möhren putzen, schälen, waschen und grob in Stücke schneiden. Das Sauerkraut aus der Dose in den Kocheinsatz geben und abtropfen lassen. Den Kümmel mit einer Gabel unterheben und das Lorbeerblatt an die Seite stecken. Die Rostbratwürstchen in Scheiben schneiden und auf dem Kraut verteilen.
3. Die Möhren in den Mixbehälter geben und **3 Sekunden/Stufe 5** zerkleinern (Messbecher!). Mit dem Spatel nach unten schieben und die Brühe angießen. Mit Majoran würzen.
4. Den Kocheinsatz einhängen und das Ganze zugedeckt **17 Minuten/Stufe 1/100 °C** garen.
5. Den Kocheinsatz mithilfe des Spatels herausnehmen, das Lorbeerblatt entfernen und Sauerkraut und Würstchen auf 2 Teller verteilen. Mit der Möhrenbrühe begießen und nach Belieben je 1 Klecks saure Sahne obendrauf setzen.

Tipp: Statt die Würstchen auf dem Sauerkraut zu dünsten, kann man sie auch in wenig Butter bei milder Hitze in einer Pfanne anbraten und anschließend in Scheiben schneiden.

Wintercremesuppe mit Pastinaken und Topinambur

Für 4 Portionen • Pro Portion: 234 kcal, 5 g E, 17 g F, 15 g KH

1 Zwiebel
1–2 Knoblauchzehen
300 g Pastinaken
200 g Topinambur (ersatzweise Kartoffeln)
2 Stängel glatte Petersilie
15 g Kokosöl
1 l Gemüsebrühe
250 ml Reis- oder Kokos-Cuisine
Salz, Pfeffer
4 TL Lein- oder Nussöl
20 g Sonnenblumenkerne

1. Die Zwiebel abziehen und vierteln. Die Knoblauchzehen schälen. Pastinaken und Topinambur schälen, waschen und grob zerschneiden. Die Petersilie waschen, trocken schütteln, die Blätter von den Stängeln zupfen und hacken.
2. Zwiebel und Knoblauch in den Mixbehälter geben, den Messbecher aufsetzen und **5 Sekunden/Turbo-Taste** zerkleinern. Mit dem Spatel nach unten schieben und das Kokosöl dazugeben. **4 Minuten/Stufe 1/120 °C** dünsten.
3. Pastinaken und Topinambur in den Mixbehälter geben und zugedeckt **4 Sekunden/Stufe 5** zerkleinern.
4. Die Brühe dazugießen und Gemüse mit dem Kocheinsatz abgedeckt in **15 Minuten/Stufe 1/100 °C** weich kochen. Dann Suppe **45 Sekunden/Stufe 5–8** ansteigend pürieren.

5. Die Reis- oder Kokos-Cuisine mit dem Spatel einrühren, Suppe mit Salz und Pfeffer abschmecken und kurz **6 Sekunden/Stufe 4** durchmischen.
6. Suppe auf 4 Teller verteilen, mit Leinöl beträufeln und mit Petersilie und Sonnenblumenkernen bestreut servieren.

Info: Topinambur, die kohlenhydratverträglichen Knollen für Diabetiker, gelten mittlerweile als Delikatesse. Auch sie sind ein wintertypisches Gemüse, das Sie meist auf Wochenmärkten bekommen. Die kalorienarmen Knollen sollten beim Einkauf eine glänzende, glatte Schale haben.

Tipp: Nichtvegetarier können, während die Suppe kocht, 8 Scheiben Bacon in einer beschichteten Pfanne mit ganz wenig Fett knusprig braten, auf Küchenpapier abtropfen lassen und zum Schluss dekorativ über die Suppe legen.

Pastinakensuppe mit Sprossen

Für 4 Portionen • Pro Portion: 277 kcal, 6 g E, 11 g F, 38 g KH

1 kg Pastinaken oder Petersilienwurzeln
100 g Kartoffeln
1 große Zwiebel
1 EL Rapsöl
1,2 l Gemüsebrühe
100 g Sprossen, z. B. Alfalfa- oder Rettichsprossen
150 ml Sojasahne
Salz, Pfeffer
Zitronensaft

1. Die Pastinaken oder Petersilienwurzeln und die Kartoffeln schälen, putzen, waschen und grob in Stücke schneiden. Die Zwiebel abziehen und vierteln.
2. Die Zwiebel mit dem Öl in den Mixbehälter geben, mit aufgesetztem Messbecher **5 Sekunden/Turbo-Taste** zerkleinern. Mit dem Spatel nach unten schieben und **4 Minuten/Stufe 1/120 °C** dünsten.
3. Pastinaken, Kartoffeln und Brühe in Topf geben und mit dem Kocheinsatz abgedeckt (es kann spritzen!) **20 Minuten/Stufe 1/100 °C** kochen.
4. In der Zwischenzeit die Sprossen waschen und gut abtropfen lassen.
5. Die Suppe **45 Sekunden/Stufe 5–8** ansteigend fein pürieren, die Sahne unterrühren und mit Salz, Pfeffer und Zitronensaft abschmecken. Auf die Teller verteilen und mit den Sprossen bestreut servieren.

Tipp: Toll schmeckt auch, wenn Sie pro Portion 1 EL Leinöl über die Suppe träufeln. Das ist gesund, und das nussige Aroma gibt den Pastinaken eine exquisite Note.

Info: Wenn Sie das Gericht statt mit Pastinaken mit Petersilienwurzeln zubereiten, kommen Sie pro Portion auf 227 kcal, 10 g E, 11 g F und 23 g KH.

Apfelauflauf

Für 4 Portionen • Pro Portion: 386 kcal, 12 g E, 13 g F, 56 g KH

etwas Fett für die Form
4 Brötchen (ca. 240 g, am besten vom Vortag)
500 ml Milch
4 Eier, Größe M
75 g Zucker
1 Prise Salz
1 Pck. Vanillezucker
600 g Äpfel
40 g Butter in Flöckchen

1. Eine Auflaufform (ca. 27 cm Durchmesser, 5 cm hoch) dünn einfetten.
2. Die Brötchen in sehr dünne Scheiben schneiden und in eine Schüssel geben.
3. Milch, Eier, Zucker, Salz und Vanillezucker in den Mixbehälter geben, Messbecher aufsetzen und alles **15 Sekunden/Stufe 4** verrühren. Die Masse über die Brötchenscheiben gießen, alles verrühren und 15 Minuten ziehen lassen. Den Mixbehälter nicht spülen.
4. Den Backofen auf 200 °C Ober-/Unterhitze (Umluft 180 °C) vorheizen.
5. Die Äpfel schälen, vierteln und die Kerngehäuse entfernen. In den Mixbehälter geben und **3 Sekunden/Stufe 4** zerkleinern.
6. Zerkleinerte Äpfel in die Schüssel zum Brot geben, unterheben und Mischung in die Auflaufform füllen. Die Butterflöckchen darüber verteilen.
7. Auflauf im Ofen 30–35 Minuten goldgelb backen und anschließend 5 Minuten bei abgeschaltetem Ofen ruhen lassen.

Tipp: Den »Scheiterhaufen«, wie das süße Hauptgericht in Süddeutschland und Österreich genannt wird, können Sie auch mit anderem herbstlichen Obst wie Birnen oder Pflaumen zubereiten.

Geflügelcremesuppe mit Rosenkohl und Kräutern

Für 4 Portionen • Pro Portion: 231 kcal, 20 g E, 11 g F, 13 g KH

500 g Rosenkohl
200 g Hähnchenbrustfilet
Salz, Pfeffer
200 g Knollensellerie
40 g Butter
40 g Mehl
750 ml Geflügelbrühe (oder Geflügelfond)
2 EL gehackte TK-Kräuter (z. B. Petersilie und Dill)
50 ml Sahne zum Kochen
geriebene Muskatnuss
etwas Zitronensaft

1. Den Rosenkohl putzen, waschen und größere Röschen halbieren. In den tiefen Dampfgareinsatz legen.
2. Das Hähnchenbrustfilet in mundgerechte Würfel schneiden, salzen, pfeffern und in den Kocheinsatz geben.
3. Knollensellerie putzen, waschen und grob zerkleinern.
4. Butter **2 Minuten/Stufe 1/80 °C** im Mixbehälter schmelzen. Das Mehl dazugeben und **3 Minuten/Stufe 2/100 °C** dünsten.
5. Die Selleriestücke in den Topf geben und **5 Sekunden/Stufe 5** zerkleinern. Die Geflügelbrühe angießen, das Körbchen mit dem Fleisch einhängen, den Dampfgaraufsatz aufsetzen und alles **Linkslauf/20 Minuten/100 °C/ Stufe 1** kochen.

6. Die TK-Kräuter zum Auftauen in eine kleine Schüssel geben. Wenn Sie frische Kräuter verwenden, diese waschen, trocken schütteln und die Blätter fein hacken.
7. Dampfgaraufsatz abnehmen, Kocheinsatz herausnehmen und beiseitestellen. Die Suppe **30 Sekunden/Stufe 5–7** ansteigend pürieren. Die Sahne mit dem Spatel einrühren, Suppe mit Salz, Pfeffer, Muskatnuss und Zitronensaft abschmecken.
8. Rosenkohl und Hähnchenfleisch zur Suppe geben und alles zusammen **Linkslauf/1 Minute/Stufe 1/100 °C** erwärmen.
9. Suppe auf 4 Teller verteilen und mit den Kräutern bestreut servieren.

Tipp: Ein besonders feines und etwas exotisches Aroma können Sie mit 1 Stängel Zitronengras in die Suppe zaubern. Den Stängel längs aufschlitzen und die harten äußeren Blätter abziehen. Stängel halbieren und in der Suppe mitkochen. Vor dem Pürieren aber herausfischen, da die Suppe sonst faserig wird.

Rote-Bete-Pizza

Für 2 Portionen • Pro Portion: 633 kcal, 28 g E, 21 g F, 83 g KH

Für den Teig:
200 g Weizenmehl
je ½ TL Salz und Zucker
100 ml lauwarmes Wasser
½ Würfel frische Hefe (ersatzweise 8 g Trockenhefe)
1 EL Olivenöl
etwas Öl für die Schüssel
etwas Mehl für die Arbeitsfläche

Für den Belag:
150 g frische Rote Bete
1–2 Knoblauchzehen
2 EL weißer Balsamessig
Salz, Pfeffer
75 g junger Spinat und Rucola
100 g Ziegenrolle

1. Alle Zutaten für den Teig in den Mixbehälter geben und **2 Minuten/Knetstufe** zu einem glatten Teig verkneten.
2. In eine leicht mit Öl gefettete Schüssel umfüllen, mit Folie abdecken und an einem warmen Ort gehen lassen, bis sich das Volumen etwa verdoppelt hat.
3. Die Rote Bete putzen, schälen und grob in Würfel schneiden. (Dabei mit Einmalhandschuhen arbeiten, sonst bleiben die Hände lange rot.) Die Knoblauchzehen abziehen. Den Backofen auf 220 °C (Umluft 200 °C) vorheizen.
4. Rote Bete, Knoblauch und Essig in den Mixbehälter geben und **10 Sekunden/Stufe 6** zerkleinern. Mit Salz und Pfeffer und nach Bedarf noch mehr Essig pikant abschmecken.

5. Den Spinat waschen, verlesen und gut abtropfen lassen oder trocken schleudern und grob hacken.
6. Aus dem Teig 2 Kugeln formen und auf einer bemehlten Fläche zu 2 Pizzen ausrollen. Alternativ Teig eckig für ½ Backblech ausrollen. Die Rote-Bete-Masse auf dem Teig verteilen, dabei einen 1,5 cm breiten Rand lassen.
7. Die Ziegenrolle zerbröckeln, auf die Pizza geben und diese im vorgeheizten Backofen 20–25 Minuten backen, bis der Rand goldgelb und knusprig ist. Kurz vor Ende der Backzeit den Spinat auf der Pizza verteilen und sofort heiß servieren.

Tipp: Pizzateig lässt sich zwar im Monsieur Cuisine mühelos kneten, aber der Hefeteig muss etwa 1 Stunde gehen. Wollen Sie diese Zeit sparen: Pizzateig aus dem Kühlregal ist praktisch und auch gut.

Krautfleckerln

Für 2 Portionen • Pro Portion mit Fleischwurst: 662 kcal, 20 g E, 36 g F, 64 g KH • Pro Portion ohne Fleischwurst: 512 kcal, 14 g E, 22 g F, 65 g KH

400 g Weißkohl
400 ml Gemüse- oder Fleischbrühe
1 EL Kümmel
1 TL Salz
2 EL weißer Essig
150 g Fleckerln (ersatzweise Farfalle oder breite Bandnudeln)
100 g Fleischwurst nach Belieben
1 Zwiebel
1 EL Rapsöl
Salz, Pfeffer
20 g Butter

1. Den Weißkohl putzen, waschen, vierteln und den Strunk keilförmig herausschneiden. Grob hacken, in den Mixbehälter geben, den Messbecher aufsetzen und **4 Sekunden/Stufe 4** mithilfe des Spatels zerkleinern.
2. Brühe, Kümmel, Salz und Essig dazugeben und alles **Linkslauf/10 Minuten/Stufe 1/100 °C** kochen.
3. Die Fleckerln dazugeben und – je nach Packungsanleitung – **Linkslauf/9–11 Minuten/Stufe 1/100 °C** kochen.
4. Wenn Sie die Fleischwurst dazu essen wollen: pellen, in Scheiben schneiden und in den tiefen Dampfgareinsatz legen. Diesen aufsetzen und das Ganze **Linkslauf/9–11 Minuten/100 °C/Stufe 1** kochen.
5. In der Zwischenzeit die Zwiebel abziehen, in Ringe schneiden und in einer beschichteten Pfanne im Öl unter Rühren goldgelb braten. Beiseitestellen.
6. Den Dampfgaraufsatz abnehmen und beiseitestellen. Die Krautfleckerln mit Salz und Pfeffer abschmecken und die Butter **Linkslauf/20 Sekunden/Stufe 2** einrühren.
7. Krautfleckerln auf 2 Tellern anrichten, mit den gerösteten Zwiebeln bestreuen und die Fleischwurst darauflegen.

Info: Fleckerln – eine in Österreich beliebte Teigware – werden Sie wahrscheinlich nicht überall bekommen. Das Gericht schmeckt aber ebenso gut mit extrabreiten Bandnudeln oder Farfalle.

Granatapfel-Muffins

12 Stück • Pro Stück: 247 kcal, 5 g E, 14 g F, 25 g KH

100 g Zucker
125 g weiche Butter
2 Eier, Größe M
200 g Weizenmehl (Type 550)
75 g gemahlene Mandeln
½ Pck. Backpulver
1 Prise Salz
50 g Kakaopulver
100 ml Granatapfelsaft
1 Granatapfel
etwas Fett für die Form

1. Den Backofen auf 180 °C (Umluft 160 °C) vorheizen.
2. Zucker, Butter in Stücken und Eier in den Mixbehälter geben und **2 Minuten/Stufe 4** schaumig rühren.
3. Mehl, Mandeln, Backpulver, Salz, Kakaopulver und Granatapfelsaft dazugeben und **2 Minuten/Stufe 4** zu einem geschmeidigen Teig verrühren. Eventuell noch etwas Mehl dazugeben, wenn der Teig zu dünn ist.
4. Den Granatapfel quer halbieren, mit der Schnittfläche nach unten über eine Schüssel halten und mit der flachen Seite eines Kochlöffels auf die Schale klopfen – die Kerne fallen wie von selbst heraus.
5. ⅔ der Kerne (etwa 100 g) mit dem Spatel unter den Teig heben. Eine Muffinform (12 Stück) oder Gratin-Förmchen einfetten und den Teig darin verteilen. 20–25 Minuten im Ofen backen, bis die Oberfläche Risse zeigt und knusprig aussieht.
6. Muffins auskühlen lassen, mit den restlichen Granatapfelkernen bestreuen und nach Belieben in den Förmchen oder auf Tellern servieren.

Info: Granatäpfel kommen zwar aus dem Orient, sind aber von September bis Dezember aus unseren Supermärkten und türkischen Gemüseläden nicht wegzudenken. Die rubinroten Perlen enthalten mehr Polyphenole als alle anderen Lebensmittel. Die tragen dazu bei, den Blutzuckerspiegel zu regulieren, Entzündungen zu hemmen und Verdauungsprobleme zu lösen. Studien versichern, dass Granatapfelkerne auch eine Krebstherapie unterstützen können.

Zimtsterne

50 Stück • Pro Stück: 70 kcal, 2 g E, 4 g F, 6 g KH

400 g ungeschälte Mandeln oder Haselnüsse
3 Eiweiß, Größe M
1 Prise Salz
250 g Puderzucker
1 Pck. Bourbon-Vanillezucker
1 TL Zimt
3 Tropfen Rum-Aroma

1. Die Mandeln in den Mixbehälter geben (am besten in zwei Portionen) und jeweils **20 Sekunden/Stufe 8** fein mahlen. Dann in eine Schüssel umfüllen. Den Mixbehälter waschen und abtrocknen. Er soll sauber und fettfrei sein, sonst gelingt der Eischnee nicht.
2. Den Rühraufsatz einsetzen, Eiweiße mit Salz in den Mixbehälter geben und **4 Minuten/Stufe 4** zu einem sehr steifen Schnee schlagen. Mit dem Spatel nach unten schieben. **3 Minuten** am Gerät einstellen und auf **Stufe 3** den gesiebten Puderzucker durch die Deckelöffnung einrieseln lassen.
3. Den Rühraufsatz entfernen, 3 EL der Masse in eine Schüssel umfüllen und zugedeckt beiseitestellen. Die restlichen Zutaten (Mandeln nicht vergessen) in den Mixbehälter geben und **30 Sekunden/Stufe 2** unterrühren. Den Teig zu einer Kugel formen und 1 Stunde in den Kühlschrank stellen.
4. Den Backofen auf 140 °C (Umluft 120 °C) vorheizen. Den Teig zwischen eine Klarsichtfolie legen und etwa 1 cm dick ausrollen, Sterne ausstechen und auf ein mit Backpapier ausgelegtes Blech geben.
5. Die Zucker-Eiweiß-Masse eventuell mit 1–2 EL heißem Wasser zu einer streichfähigen Masse verrühren und mit einem breiten Pinsel auf die Sterne streichen.
6. Zimtsterne 25 Minuten im Ofen backen, anschließend mit dem Backpapier vom Backblech auf einen Kuchenrost ziehen und erkalten lassen.

Info: Glühwein, Stollen, Zimtsterne – zur Weihnachtszeit werden wir mit Zimt geradezu geflutet. Cumarin, der Stoff, der für den leckeren Geruch verantwortlich ist, ist ein wenig in die Kritik geraten: Zu viel davon soll schädlich sein. Entwarnung! Ein bis zwei Wochen lag kann man die dreifache Menge des empfohlenen Grenzwerts (120 g Zimtsterne täglich) zu sich nehmen. Ausnahmen gelten für Kleinkinder: 30 g Zimtsterne oder 100 g Lebkuchen täglich.

Glühweinschaum

4 Portionen • Pro Portion: 256 kcal, 6 g E, 12 g F, 26 g KH

6 frische Eier, Größe M
1 Vanilleschote
1 Bio-Orange
100 g Puderzucker
1 Prise Salz
120 ml weißer Glühwein (ersatzweise trockener Weißwein +
1 TL Glühweingewürzpulver)
Zimt zum Bestreuen

1. Die Eier trennen (Eiweiß anderweitig verwenden, z. B. für Baisers). Die Vanilleschote längs aufschlitzen und das Mark herausschaben. Die Orange heiß waschen und 1 TL Schale abraspeln (die Orange eventuell für eine Kindervariante des Glühweinschaums verwenden). Den Schmetterling in den Mixbehälter einsetzen.
2. Eigelbe mit Puderzucker, Salz, Vanillemark, Orangenschale und Glühwein in den Mixbehälter geben und **10 Minute/Stufe 3/75 °C** schaumig aufschlagen.
3. In vier Gläser füllen, mit Zimt bestreuen und sofort heiß servieren.

Tipp: Für eine Variante für Kinder oder Autofahrer nehmen Sie statt des Weins ca. 150 ml frisch gepressten Orangensaft. Je nach grewünschter Süße genügen dann 50 g Puderzucker.

Info: In Südeuropa ist die Zitrusernte in vollem Gange. Die »Winterernte« von November bis Februar ist die ertragreichere der beiden Erntezeiten. Über 400 Orangensorten gibt es, und weltweit sind sie die beliebtesten und meistangebauten Früchte. Schon 1870 landeten die ersten Früchte auf Segelschiffen aus Mallorca im Hamburger Hafen an und wurden – anders als andere exotische Früchte – gleich unters Volk gebracht.
Apfelsine ist übrigens nicht die weibliche Form des Apfels – das Wort bedeutet Apfel aus China, der ursprünglichen Heimat der Orangen.

Rezeptregister

Fettarm

Kalorienarm

Low-Carb

Mit Fisch

Mit Fleisch

Vegan

Vegetarisch

Bildnachweis

S. 9: Liv friis-larsen/Shutterstock.com; sarsmis/Shutterstock.com; S. 10: dinoforlena/istock.com; Magnago/Shutterstock.com; S. 16: Alexander Raths/Shutterstock.com; S. 17: papkin/Shutterstock.com; S. 18: petratrollgrafik/Shutterstock.com; S. 19: Shebeko/Shutterstock.com; S. 20: Anna_Shepulova/istock.com; S. 23: Marina Mi/Shutterstock.com; S. 25: sarsmis/Shutterstock.com; S. 26: Elena Shashkina/Shutterstock.com; S. 29: Elena Blokhina/Shutterstock.com; S. 31: Vo-Yggdrasill/Shutterstock.com; S. 33: Anna Shepulova/Shutterstock.com; S. 34: OlegD/Shutterstock.com; S. 36: Szakaly/istock.com; S. 39: CGissemann/Shutterstock.com; S. 41: from my point of view/Shutterstock.com; S. 43: Lilechka75/istock.com; S. 44: Magdanatka/Shutterstock.com; S. 47: Simone van den Berg/Shutterstock.com; S. 48: vanillaechoes/Shutterstock.com; S. 51: Stepanek Photography/Shutterstock.com; S. 53: photohomepage/istock.com; S. 54: Baiajaku/Shutterstock.com; S. 55: Dar1930/Shutterstock.com; S. 57: Dar1930/Shutterstock.com; S. 59: Emma Kant/Shutterstock.com; S. 60: KHUTORNAIA SVETLANA/Shutterstock.com; S. 61: Kiian Oksana/Shutterstock.com; S. 62: Liv friis-larsen/Shutterstock.com; S. 63: Barbara Neveu/Shutterstock.com; S. 64: Bychykhin Olexandr/Shutterstock.com; S. 67: Olyina/Shutterstock.com; S. 68: MariaKovaleva/Shutterstock.com; S. 69: Olga Miltsova/Shutterstock.com; S. 71: Slavica Stajic/Shutterstock.com; S. 73: ChristianJung/istock.com; S. 74: Nickola_Che/Shutterstock.com; S. 75: Valeria Aksakova/Shutterstock.com; S. 77: Nadezhda Nesterova/Shutterstock.com; S. 78: Metkalova/istock.com; S. 79: Stephanie Frey/Shutterstock.com; S. 80: Elena_Danileiko/istock.com; S. 83: Anna Shepulova/Shutterstock.com; S. 85: Africa Studio/Shutterstock.com; S. 87: Olha_Afanasieva/istock.com; S. 88: koss13; S. 91: Paul Cowan/Shutterstock.com; S. 93: AS Food studio/Shutterstock.com; S. 94: Foxys Forest Manufacture/Shutterstock.com; S. 95: Oleksandra Naumenko/Shutterstock.com; S. 97: Africa Studio/Shutterstock.com; S. 98: Lilkar/Shutterstock.com; S. 99: Liliya Kandrashevich/Shutterstock.com; S. 101: Alaina Sharpshair/Shuterstock.com; S, 102: Nadiia Loboda/Shutterstock.com; S. 103: MasterQ/Shutterstock.com; S. 104: Anna Mente/Shutterstock.com; S. 107: Magdanatka/Shutterstock.com; S. 109: AS Food studio/Shutterstock.com; S. 110: teleginatania/Shutterstock.com; S. 112: rainbow33/Shutterstock.com; S. 115: VictoriaBee/istock.com; S. 116: iMarzi/Shutterstock.com; S. 119: Bartosz Luczak/Shutterstock.com; S. 121: HeikeRau/istock.com; S. 122: Kiian Oksana/Shutterstock.com; S. 124: dinoforlena/istock.com; S. 127: modesigns58/istock.com; S. 129: Cellena/istock.com; S. 130: Yulia Davidovich/Shutterstock.com; S. 133: Piotr Krzeslak/Shutterstock.com; S. 134: Berlin Photo/Shutterstock.com; S. 137: zi3000/Shutterstock.com; S. 138: hlphoto/Shutterstock.com; S. 140: Wiktory/Shutterstock.com; S. 141: eskymaks/istock.com; S. 143. ILEISH ANNA/Shutterstock.com; S. 144: BDMcIntosh/istock.com; S. 145: kirin_photo/istock.com; S. 147: Liliya Kandrashevich/Shutterstock.com; S. 148: MShev/Shutterstock.com; S. 150: Africa Studio/Shutterstock.com; S. 153: Lilechka75/istock.com; S. 155: Ezume Images/Shutterstock.com; S. 156: travelbook/fotolia.com; S. 158: radu984/istock.com; S. 160: Lapina Maria/Shutterstock.com; S. 162: multimartinator/fotolia.com; S. 164: Olha Afanasieva/Shutterstock.com; S. 165: StockphotoVideo/fotolia.com; S. 167: Dar1930/Shutterstock.com; S. 168: nakedking/fotolia.com; S. 169: A_Lein/fotolia.com; S. 170: Yvonne Bogdanski/fotolia.com; S. 173. Olha Afanasieva/Shutterstock.com; S. 174: Juanmonino/istock.com; S. 175: MShev/Shutterstock.com; S. 177: Butautas Barauskas/Shutterstock.com; S. 179: nata_vkusidey/fotolia.com; S. 180: zoryanchik/Shutterstock.com; S. 183: sugar0607/istock.com; S. 185: Magnago/Shutterstock.com; S. 186: Brent Hofacker/Shutterstock.com.